中 国 武 术 段 位 制 系 列 教 程
Textbook Series of Chinese Wushu Duanwei System

# 少林拳

Shaolinquan

中国武术段位制考评标准

中国武术段位制考评标准

中国武术协会 审定
中国武术段位制系列教程

国家体育总局武术研究院 组编

高等教育出版社·北京
HIGHER EDUCATION PRESS  BEIJING

## 《中国武术段位制系列教程》审委会名单

主　　任：王筱麟　蔡龙云
副 主 任：王玉龙　吴　彬　刘　援

委　　员（以姓氏笔画为序）：
习云太　王培锟　邓昌立　冯志强　江百龙
刘宝山　刘鸿雁　朱瑞琪　李旺华　陈顺安
陈雁飞　周之华　庞林太　郭瑞祥　曾乃梁
温佐惠

## 《中国武术段位制系列教程》编委会名单

**名誉主任：** 于再清
**名誉副主任：** 杨贵仁　刘志鹏
**主任委员：** 高小军
**副主任委员：** 陈国荣　龙　杰　卢　逊
**主　　编：** 康戈武
**副　主　编：** 门惠丰　邱丕相

**编　　委**（以姓氏笔画为序）：

| | | | | | |
|---|---|---|---|---|---|
| 王世泉 | 王建华 | 王常凯 | 毛明春 | 冯宏芳 | 孙永田 |
| 关铁云 | 朱宝珍 | 肖彤岭 | 李成银 | 李恒昌 | 吴光宇 |
| 吴连枝 | 吴信良 | 佟庆辉 | 沙俊杰 | 陈小旺 | 陈正耀 |
| 陈亚斌 | 邵建功 | 张希贵 | 张维福 | 杨　丽 | 杨振铎 |
| 和有禄 | 周盟渊 | 洪　浩 | 钟振山 | 郭志禹 | 栗胜夫 |
| 钱源泽 | 梁以全 | 曹京华 | 程大力 | 曾于久 | |

**编务办公室主任：** 冯宏芳　曹京华
**成　　员**（以姓氏笔画为序）：

| | | | | | |
|---|---|---|---|---|---|
| 马　剑 | 马爱民 | 王开文 | 王立峰 | 田金龙 | 冯宏鹏 |
| 孙　刚 | 刘宇峰 | 刘　溯 | 李树栋 | 张学生 | 邱国勇 |
| 武世俊 | 杨祥全 | 屈国锋 | 姜　智 | 郭玉成 | 蔡宝忠 |

**本册执行主编：** 栗胜夫
**本册副主编：** 冯宏鹏　郑跃峰
**本册参编人员：** 孙　刚　石　勇
**教学光盘演示：** 栗胜夫　魏亚磊　赵　焜

# 出版说明

《中国武术段位制》是中国武术协会制定的一项全面评价习武者武术水平的等级制度。以此为依据编制的《中国武术段位制系列教程》（以下简称"本系列教程"）旨在完备《中国武术段位制》的考评标准和等级制度，力求通过标准化段位技术体系的建立，推动武术运动广泛普及，促进武术流派百花齐放，引导习武者通过逐级晋段，循序渐进地了解和掌握武术知识体系和拳、械技术，达到科学锻炼身体的目的。

《中国武术段位制》的考评内容包括武德与武术礼仪、理论知识、技术技能3个方面。对高段位申报者，还要考评他们在武术理论方面的建树和对武术发展的贡献。缘此，本系列教程确定了《武德与武术礼仪》《中国武术史》《武术概论》3册理论教程和1册《中国武术段位制理论考试题解》；选编了长拳、少林拳、太极拳（陈、杨、吴、武、孙、和）、形意拳、八卦掌、通臂拳、戳脚、翻子拳、八极拳、螳螂拳、五祖拳、咏春拳12个拳种的17册教程，以及不受拳种限制的《趣味武术（段前级教程）》《武术功法》《自卫防身术》《剑术》《短棍》《二节棍》6册教程。

《中国武术段位制》将习练武术的水平由低到高分为：段前级（一至三级）、初段位（一至三段）、中段位（四至六段）、高段位（七至九段）。一定的段位等级，通过一定的标准来界定。因此，制定统一的技术标准，明确不同段级间的标准差异，是本系列教程的重点。

在制定统一的技术标准方面，我们依据武术自身发展的内在规律，确立了将"既可单练、又可对打、还能实战"的传统武术演练形式，确立为技术内容的结构标准。即每段技术内容的单练套路既能单练，拆分后又能进行对打套路的练习，还能以拆招形式体现实战技法，突出了传统武术"练打结合"的特色，体现了武术以攻防动作为运动素材和健身手段的本质，使习练者既掌握动作的操练方法，又懂得动作的攻防含义。

为了明确不同段级的差异，本系列教程按照循序渐进、系统学习的原则，从技术元素、动作数量和难度3个方面进行了规范。

其一，以增加技术元素提高段级的标准。本系列教程围绕武术各拳种、器械均包含的"打、踢、拿、靠、摔"5类技术元素，通过逐段增加新技术元素的方式，明确了一至五段技术内容。第六段技术内容是对上述5类技术元素的综合运用。例如，一段技术只有"打"的攻防方法；二段技术增加"踢"的攻防方法……依此类推，具体如下表所示：

打 …………………………………………… 一段技术元素
打、踢 ……………………………………… 二段技术元素
打、踢、拿 ………………………………… 三段技术元素
打、踢、拿、靠 …………………………… 四段技术元素
打、踢、拿、靠、摔 ……………………… 五段技术元素
综合（打、踢、拿、靠、摔）……………… 六段技术元素

其二，以增加动作数量提高段级的标准。即在逐段增加技术元素的同时，循序渐进地增加动作数量。

其三，以加大动作难度提高段级的标准。即同一技术元素在由低到高的段级中，是通过由基础到衍生、由简易到繁难的顺序来表现的。例如，"打"是武术运动中最为基本、简易和被广泛使用的技术元素，被列为一段技术内容，同时也是二至四段的技术内容。而"打"的技术有"冲、劈、推、撩、托、盖"等多种表现形式，及其向左、右、前、后等不同方位，按照从基础到衍生、从简易到繁难的顺序，依次分为6份，分别编入一至六段。这样，通过变换技术元素的表现形式、加大单个动作（或组合动作）的难度，从整体上逐渐提高一至六段技术的难度。

《趣味武术（段前级教程）》、《武术功法》和《自卫防身术》的段级技术内容同样遵循上述原则编定，既保证了本系列教程体例的统一，也保证了不同拳种教程同一段级的技术借鉴和技能互补。

按照逐段增加技术元素、动作数量和难度制定的段位标准，不仅便于习练者明确段级间的差异；而且随着段级的晋升，会逐步掌握所习拳种的技术体系，体现循序渐进、系统学习的原则；还能有效避免学习内容挂一漏万、简单重复等问题。此外，由于本系列教程均按此体例编成，就学习武术的基本技术元素而言，习练者不论练习哪个拳种，学习进度都是一致的，在达到某一个拳种的段位水平后，可以转学另一拳种的高一级别段位技术。

《中国武术段位制》考评内容的标准化和规范化，为顺利实施《中国武术段位制》标准化考试奠定了基础，有助于武术的发展和在国内外的广泛传播。此外，标准化还是多样化的基础。20世纪50年代，由中国武术协会组编的二十四式简化太极拳，拉开了各式传统太极拳全面发展的序幕，是标准化带动武术流派百花齐放的突出例证。

本系列教程是根据2007年10月召开的"全国武术段位制工作会议"关于"段位评定从套段转入考段"的会议决议启动编写的。2008年，国家体育总局武术研究院相继聘请了一百多位有代表性的民间武术传承人和专家、学者，启动了段位考评内容的创编和配套教程的编写工作。2008年7月，本系列教程通过中国武术协会的审定。评审委员会认为："《中国武术段位制系列教程》编写目的明确，体例得当，体现了传统性和时代性，段级标准与技术难易度适宜，技术规范，拳种和器械风格突出，是一套学术性、代表性、可行性都值得肯定的作品，达到了发布实施的标准。"随后，编写人员又按照内容符合体例、图解符合规范的要求进行加工，再经专家审稿、出版社编辑的加工，才正式摄制教学片、拍摄技术图片、合成书稿。应该说，这套集众多传承人和专家、学者的学识和智慧创编而成的系列教程，是将《中国武术段位制》的实施与继承、传播武术融为一体的精心之作。当然，对于这项崭新的系统工程而言，由于组织者、参编者业务水平的局限，不当之处在所难免，敬请读者指正。

这本《少林拳》是《中国武术段位制系列教程》中的一种，在编写过程中得到河南省武术运动管理中心赵峻和登封市体育局的诚挚支持，特此表示感谢！

国家体育总局武术研究院<br/>二〇一一年六月

# 凡例

1.《中国武术段位制系列教程》(以下简称"本系列教程")是由国家体育总局武术研究院组编,中国武术协会审定并颁布实施的武术段位制教学与考试用书。

2. 本系列教程依据传流地域广阔、技理特点鲜明和适宜全民健身的原则,以博大精深的武术理论和技术体系为基础精心编选而成。全书包括理论教程 4 种,拳术教程 17 种,器械教程 3 种,不受拳、械种属限制的《趣味武术(段前级教程)》《武术功法》《自卫防身术》教程 3 种,共计 27 分册。

3. 本系列教程理论和技术分册,均独立成册。理论分册体例请详阅各册书首说明。技术分册均分概述、段位技术图解两章。其中,第一章介绍该系技术的历史沿革和基本技法;第二章介绍该系技术的初段位(一至三段)和中段位(四至六段)技术内容。段前级(一至三级)的技术内容单编一册《趣味武术(段前级教程)》。

4. 本系列教程遵循循序渐进的系统学习原则,从丰富的武术素材中提炼出基本技术元素,再由易到难、各有侧重地选取各段技术内容。例如,从各拳种徒手动作中提炼出"打、踢、拿、靠、摔"5 类技术元素,依次随段位技术由低至高地提升,列为一至五段技术的侧重内容,6 段技术内容是对 5 类技术元素的综合和提升。《趣味武术(段前级教程)》《武术功法》《自卫防身术》亦依此进行素材筛选和分级、分段编排。

5. 本系列教程按照"练打结合"的传统训练原则设计运动形式。每段技术内容的单练套路既能单练,拆分后又能进行对打套路的练习,还能以拆招形式体现实战技法,充分突出传统武术"既可单练、又能对打、还能实战"的技术要求。所以,同一动作在单练套路中强调动作规格,在对打套路中强调动作紧凑、配合默契,在拆招时则强调可用于搏击。也就是说,同一动作在 3 种练习形式中表现的动作幅度、节奏、劲力不尽相同。

6. 本系列教程技术分册的动作图解统一按照下述体例编写:

(1)每级段位技术套路(单练、对打)的预备式不列入动作数。

(2)拆招图解中,均由两人并步直立开始,按动作攻防含义进攻、防守或防守反攻,完成拆招动作即止,不再以直立姿势结束。

(3)动作名称采用形象化(传统)名称和描述性(现代)名称。如黑虎偷心(弓步冲拳),又如揽雀尾(原地掤、捋、挤、按)。分解动作的图题,只采用描述性名称。

(4)图号的编排方式为:章序号 + 节序号 + 本节成式动作序号。例如:"图 2-1-1 起势",其中"2"表示第二章,第一个"1"表示第一节,第二个"1"表示第一节第一式动作,"起势"表示这一式动作的名称。

(5)图示中演练者的方向根据身体运动变化的方位,始终以面前为前、背后为后、左侧为左、右侧为右。

（6）图示中的运动路线：虚线（……）表示左侧肢体下一个动作的运动轨迹，实线（——）表示右侧肢体下一个动作的运动轨迹，箭头（→）表示该部位的运动方向。

（7）对打套路和拆招图片中，甲方始终从右边起势，乙方始终从左边起势。

7. 本系列教程技术分册均配有教学光盘。习练者借助光盘的直观性和运动性，借助纸质教材图解的准确性和理论性，可以互补互助地加强练习效果。

8. 图解中的用语力求统一。如太极拳的"掤"统一为"挀"，"采"统一为"挀"，"含胸"统一为"涵胸"，掩手肱锤、右二肱、倒卷肱、抹眉肱中的"肱"统一为"泫"等。

9. 本系列教程中的技术基本形态是指该拳、械项目最基本的、最常用的技术形态。型，指静止动作的肢体形状，如手型、步型等。态，指运动过程中的动态，如手法、步法等。这类形态，大多指人体局部肢体的单一动作环节，不是构成套路的单个动作形态。同一基本形态只在第一次出现时介绍。

10. 不论单练、对打或拆招练习，在预备式前、收势之后，均须向教师或对方行抱拳礼。这一要求未写入图解中，详见《武德与武术礼仪》。

# 目 录

## 第一章 少林拳概述 — 1
### 第一节 少林拳的历史沿革 — 2
### 第二节 少林拳的基本技法 — 4
一、对人体静型技法的要求 — 4
二、对人体动态技法的要求 — 5
三、对整体运动技法的要求 — 5
四、对攻防技法的要求 — 6

## 第二章 少林拳段位技术图解 — 7
### 第一节 少林拳一段技术图解 — 8
一、基本形态 — 8
二、单练套路 — 10
三、对打套路 — 16
四、拆招 — 19
### 第二节 少林拳二段技术图解 — 22
一、基本形态 — 22
二、单练套路 — 26
三、对打套路 — 34
四、拆招 — 39
### 第三节 少林拳三段技术图解 — 42
一、基本形态 — 42
二、单练套路 — 45
三、对打套路 — 54
四、拆招 — 60

第四节　少林拳四段技术图解　　　　　　　　63
　　一、基本形态　　　　　　　　　　　　　63
　　二、单练套路　　　　　　　　　　　　　65
　　三、对打套路　　　　　　　　　　　　　77
　　四、拆招　　　　　　　　　　　　　　　85

第五节　少林拳五段技术图解　　　　　　　　88
　　一、基本形态　　　　　　　　　　　　　88
　　二、单练套路　　　　　　　　　　　　　92
　　三、对打套路　　　　　　　　　　　　　104
　　四、拆招　　　　　　　　　　　　　　　113

第六节　少林拳六段技术图解　　　　　　　　117
　　一、基本形态　　　　　　　　　　　　　117
　　二、单练套路　　　　　　　　　　　　　122
　　三、对打套路　　　　　　　　　　　　　141
　　四、拆招　　　　　　　　　　　　　　　154

**附录**　　　　　　　　　　　　　　　　　　159

# 第一章

## 少林拳概述

# 第一节 | 少林拳的历史沿革

少林拳是武术的一个拳种，源于少林寺，故以"少林"为名。

少林寺坐落在河南省登封市西北约十三公里处的嵩山西麓，是北魏孝文帝于太和十九年（公元495年）为安顿印度高僧跋陀来中国传教所建造。跋陀"博通经法"，精于禅修，吸引了众多学者入寺习禅。一些僧人将自幼传习的武技带入了少林寺。据张鷟（约公元658年—公元730年）《朝野佥载》载，其中一个名为僧稠的能"殿中横塌壁行。乃引重千钧，其拳捷骁武劲"，还记载说："稠禅师，邺人也，幼落发为沙弥，时辈甚众，每休暇，常角力腾趠为戏。"这是目前见到的有关少林寺僧人习武的最早记载。

在少林武术史上，几乎历朝历代都有寺以武显的记述。

公元620年，少林寺僧人助李世民与隋将王世充交战，活捉了王世充的侄子王仁则。为此，李世民登基之后奖赏少林寺和立功和尚，"频降玺书宣慰"，"赐田四十顷，水碾一具"，封昙宗和尚为大将军（见寺存《皇唐嵩岳少林寺碑》）。

北宋末年，在抗击金兵入侵的紧急关头，少林寺僧人宗印接受了国家指令，把僧众组成"尊胜队"和"净胜队"两军，亲自挂帅，进发潼关抗击金兵。

元代，日本僧人邵元来少林寺拜师求法，时达二十一年之久。邵元回日本后，既传中国禅学，也传少林武术，受到了日本民众的欢迎。

明代，少林寺僧人多次参加抗倭卫国战争，他们善用的兵器以棍最为闻名。《武备志》作者茅元仪认为，"诸艺宗于棍，棍宗于少林"。程宗猷在少林寺习武十多年后，著传《少林棍法阐宗》于世，传播了少林棍法。嘉靖四十年（1527年），抗倭名将俞大猷从山西奉命南征时，特意取道少林寺观看武僧表演。挑选宗擎、普从两名智聪力勇的年轻和尚，随所部南下。三年后，两位和尚将俞大猷临阵棍法带回少林寺，使少林棍在原有的基础上，又有了进一步的发展。

清代，少林寺众僧继承和恪守禅武一体的宗风，把昼习经文、夜练武略作为自己的修职，寺内习武之风仍保持旺盛态势。清代雍正时期，朝廷反对民间结社，少林武术也一度受到影响，众僧把武术练习转入地下进行。现在少林寺后院的千佛殿（又称毗卢阁）里因练功留下的48个"脚窝"，就是少林寺僧人习武的佐证。清末，国力衰败，外侵不断，少林寺武僧星散各地，成了游方僧人。他们在民间传播武术，对少林武术的继承和发展起到了一定的促进作用。

民国时期，国民政府于1928年成立了"国术研究馆"，曾设少林门和武当门。1930年，编审处长唐豪先生编写的《少林武当考》一书出版，对少林武术的起源和发展提供了有价值的考证。

新中国成立以后，国家拨专款修复少林寺，少林武术被列为国家武术比赛内容和表演项目。1979年—1984年，河南省体委遵照国家体委指示精神，专门组织人员对少林武术进行了挖掘和整理，并将成果录制成专辑，还建立了少林拳师的技术档案，为少林武术的传承提供了保障。1982年，香港中原影业公司摄制的彩色宽银幕功夫片《少林寺》的公映，轰动了全球，国内外少林武术爱好者，慕名前来少林寺投师习武者络绎不绝，少林寺地区的武术馆校应运而生，数量曾达五十余所。自1991年以来，郑州国际少林武术节已成功举办8次，来自世界各地的武术团体同国内的武术代表队同台演练，相互交流，增强了彼此之间的友谊。

## 第二节 ｜ 少林拳的基本技法

### 一、对人体静型技法的要求

少林拳的静止形态表现为：中正势整、目光敏锐、三合兼备、束身秀敏。

（1）中正势整：是指头部端正，躯干正直，四肢合度，形成完整的动作形态。

（2）目光敏锐：是指面部表情和神态要通过敏锐的目光来表现。少林拳理认为，"静为形，动为法"。静如磐石不动，猛似雄狮盯物。面部是精神意气的窗口，既可示内，又可表外。内静意味着少林拳练习者头脑冷静，凝神聚意，心存策略谋计，虽不露圭角，但胸有城府。这种意识通过敏锐的目光表现在面部，传递出气质悍然、勇往果敢的信息。

（3）三合兼备：是指手与足合、肘与膝合、肩与胯合，这三合，称为外三合。运动时，只有三合兼备，才能势顺力达。

（4）束身秀敏：是指少林拳动作不图张开，多显玲珑紧凑之势。少林拳要求顶头竖项，两肩平沉，涵胸裹背，立腰气沉，收腹敛臀。整体而言，结构紧凑，手不离身，具有典型的外三合形状。"身如裹炮，形似伏猫"，目的是为了审时度势，蓄劲待发。少林拳系中的炮拳就是依此理取名的。

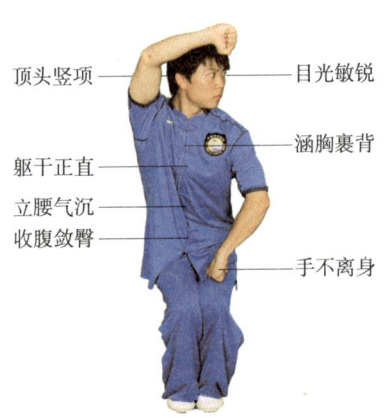

## 二、对人体动态技法的要求

少林拳的动态技法表现为：三节明理、四梢齐备、滚出滚入、拳打一线。

（1）三节明理：是指运动时身体各部位应遵循的基本法则。少林拳理认为，一身而论，有上、中、下三节之分。上三节即肩为根节、肘为中节、手为梢节。中三节即心为根节、意为中节、气为梢节。下三节即胯为根节、眼为中节、足为梢节。凡做动作，首先在中三节作用的前提下，上、下三节才能做到梢节起、中节随、根节追。同时，要求起要迅速、随要紧跟、追要催动。

（2）四梢齐备：是指以头发为血梢，指甲为筋梢，舌头为肉梢。静态时，四梢要沉稳冷静。运动时，四梢要热血沸腾，劲至发梢，根根竖立，大有冲冠之势；拳、掌坚实有力，就连指甲也具有穿肉透骨的能力；口部合闭，牙齿相对，劲充实到牙齿；舌尖紧顶上腭，硬度加强，随内气催顶牙根。总之，使全身筋骨、气血、神力、意志凝成一体，形成最佳表现。

（3）滚出滚入：是指手以滚而出，上身以滚而动。手以滚而出，是指拳、掌在冲出与收回的过程中，手臂成螺旋出入的表现形式。手臂的旋出、旋入既可以有效增强击打力度，又能化解对手突如其来的攻击。上身以滚而动，是指上身的运动要与上肢的出入一致，要随上肢的出击和回收转动上体配合。不论是攻是防均以身、手滚动为要。少林拳的滚出滚入是用巧劲不用拙力的体现。

（4）拳打一线：是指少林拳古朴的练习形式，演练时的起、落、进、退多在一条线上往返运动。在直线往返的行拳过程中，通过身法、步法、技法的有机配合，显示少林拳机警敏捷、灵活多变的运动特点。

## 三、对整体运动技法的要求

少林拳对整体运动技法的要求可以归纳为：六合相融、依法行拳，沉聚托提、以声助势。

（1）六合相融、依法行拳：是指在运动时，要求人体内外三合合一，按照六合相融的要求进行练习。内三合是指心与意合、意与气合、气与力合，外三合是指手与足合、肘与膝合、肩与胯合。运动时，只有三合势顺，才能力大威猛。

（2）沉聚托提、以声助势：强调的是气与动作的配合。少林拳理认为，"法为拳，理是气"。气随经脉运行，力出于骨肉之中。无形的气对力的催动作用是人体固有的生理功能，但真正做到以气催力，合理用气，则是一个有规律可循的气力运动。

少林拳用气的方法有沉聚托提四法。沉气，是练习静缓动作时的基本运气方式，只有气沉，才能心清神明，身体放松，气力顺达。聚气，是在进攻或发力的情况下使用的。托气，多用于平衡动作的完成。提气，多用于配合腾空跳跃之类的动作。气与力的使用要视动作变化而灵活运用。对于手的出入、步的进退以及身体的起落，情况不同，呼吸方法也要灵活使用。

以声助势，是在呼气时伴以发声，借发声助发力和增强气势。在少林拳练习中，最为常见的发声有"呜、呀、哈、咦、嗨、哇、嗯"等。另外，少林拳在套路演练结束时，普遍发复音"呜—喂"声，这是一个释放内气和气归丹田的过程。它可使全身由攻防意识中尽快脱离出来，把体内原有之气呼出，有利于身体恢复到正常状态。

## 四、对攻防技法的要求

少林拳的攻防技法可概括为：旨在自卫防身，要在八打八不打，讲究虚实变化，重在视之无形、试似风火。

（1）旨在自卫防身：强调少林拳在于"自卫"，切戒"好勇斗狠"。

（2）要在八打八不打：指出了贯彻技击宗旨的具体方法。少林拳拳理对人体结构有深入的研究，对八个要害部位（眼睛、下颌、喉结、胸口、两肋、小腹、裆部、胫骨）持有八打八不打的要求。对友必要遵循八不打的准则，以防伤身害体。对敌而言，针对要害，决不手软。八打八不打的技击观，折射着少林拳禅拳一体、爱憎分明、善恶有别的武术境界。

（3）讲究虚实变化：少林拳在攻防实战中突出虚实转化的运用。不能虚实变换，巧妙对敌，就难以制敌取胜。运用方法有：指西打东、晃上打下、前晃后撞、佯攻而实退、视退而实进、虚虚实实、真真假假、示之以虚、乘势飞击等。

（4）重在视之无形、试似风火：视之无形，就是要意不露形，形不破体，力不出尖，以无形为有形，以无法为有法。总之，拳之有形，用之无形。试似风火，强调少林拳法以快为主，以刚见长。出拳如放箭，收拳似火烧，拳如连珠炮，进步捷如风。

# 第二章

## 少林拳段位技术图解

## 第一节 | 少林拳一段技术图解

### 一、基本形态

（一）静型

1. 手型

（1）拳：五指弯曲握紧，大拇指扣于食指和中指之上（图2-1-1）。

动作要点：五指紧握。

（2）掌：五指分开，用力外撑，掌心内凹（图2-1-2）。

动作要点：五指外撑有力。

（3）勾：手腕内扣，拇指紧贴于食指根部，其余三指稍内扣（图2-1-3）。

动作要点：腕内扣要有力。

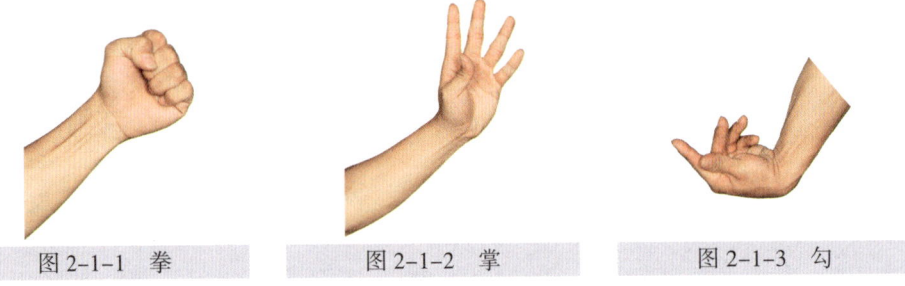

图2-1-1 拳　　　图2-1-2 掌　　　图2-1-3 勾

2. 步型

（1）马步：两脚平行开立，略宽于肩，脚尖向前，屈膝下蹲（图2-1-4）。

动作要点：挺胸立腰，脚趾抓地。

（2）弓步：两脚前后开立，前腿弯曲，脚尖微内扣，后腿蹬直，脚尖斜向前（图2-1-5）。

动作要点：前腿弓、后腿绷，挺胸收腹不晃动。

图 2-1-4 马步

图 2-1-5 弓步

（二）动态

1. 架拳

右拳向外、向上，内旋摆至额前上方上架（图 2-1-6①②）。

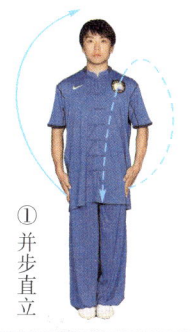

图 2-1-6 架拳

2. 推掌

双掌经胸前交叉合抱后，左掌经胸前从腰间螺旋前推，推出后借助推力弹抖，高与肩平，肘关节弯曲。目视推掌方向（图 2-1-7①~③）。

动作要点：掌推出后借助反弹力手臂微屈，力达掌外沿。

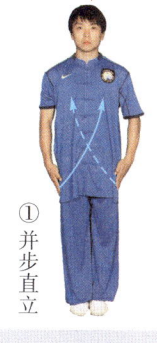

图 2-1-7 推掌

## 3. 冲拳

右拳从腰间螺旋前冲，借助前冲弹力迅速微收，肘关节弯曲。目视冲掌方向（图2-1-8①②）。

动作要点：出拳后借助反弹力手臂微屈，力达拳面。

图2-1-8　冲拳

## 4. 砍掌

右掌由外向前平砍，掌心朝上。目视前方（图2-1-9①②）。

动作要点：砍掌力达掌外沿。

图2-1-9　砍掌

## 二、单练套路

### （一）动作名称

| 预备式 | | | | | |
|---|---|---|---|---|---|
| 第一小节 | | | | | |
| 1 | 起势 | 2 | 上步推掌（推山掌） | 3 | 上步冲拳（蹬虎跨马） |
| 4 | 退步格肘（野马退槽） | 5 | 退步架拳（鲁班架棚） | 6 | 上步搂手砍掌（横板斧） |

续表

| | 第二小节 | | | | |
|---|---|---|---|---|---|
| 7 | 并步架拳（束身坐山） | 8 | 退步格肘（野马退槽） | 9 | 退步架拳（鲁班架棚） |
| 10 | 上步推掌（推山掌） | 11 | 上步冲拳（蹬虎跨马） | 12 | 闪身拨挡（犀牛望月） |
| 13 | 收势 | | | | |

（二）动作图解

一段技术动作主要以击打方法为主，推掌、冲拳击打对方身体的不同部位，配合步法控制对方下盘，进退自如。

预备式：并步直立，两臂自然垂于体侧，目视前方（图2-1-10）。

动作要点：挺胸、收腹、自然。

1. 起势

两腿屈膝半蹲，右拳向外、向上，内旋摆至额前上方上架，左拳内旋下栽于左腿上，拳心向外。目视左侧（图2-1-11）。

动作要点：收脚迅速，束身紧凑，上架下格协调连贯。

图2-1-10 并步直立

图2-1-11 束身架拳

2. 上步推掌

左脚向左迈步成马步，两拳变掌于胸前交叉合臂，掌心朝内，右掌在外。随即，身体左转成左弓步，右掌变勾手向身体右侧勾挂，左掌随转体向前推出，借反弹力微收，同时发"哈"声。目视前方（图2-1-12①②）。

动作要点：推掌时要滚出滚入，快速连贯，以腰发力，力达掌根。

① 马步合臂　　② 左弓步推掌

图 2-1-12　上步推掌

3. 上步冲拳

右脚向前上步成右弓步，右手握拳从腰间向前螺旋冲出，拳心朝下，力达拳面，左掌变拳收于左腰间。目视前方（图 2-1-13）。

动作要点：上步与冲拳一气呵成，腰胯合一以助冲拳，右臂出拳后借弹力微回收。

4. 退步格肘

右腿后退，身体右转 90° 成马步；左拳经腹前向右横格，拳心朝内，右拳收于腰间。目视左拳（图 2-1-14）。

动作要点：退步与格肘同时进行，格肘时借腰转螺旋发力，幅度要小，发力短促。

5. 退步架拳

身体左转约 90°，左腿退步成右弓步；右臂屈肘向额头前上方螺旋架起，左拳收抱腰间。目视前方（图 2-1-15）。

动作要点：退步与上架拳同时完成，上架拳略高于额头，力由腰间发出，螺旋上架，发力短促。

图 2-1-13　上步冲拳　　图 2-1-14　退步格肘　　图 2-1-15　退步架拳

6. 上步搂手砍掌

左脚向前上步，左掌向外平搂，右拳收于腰间。右脚上步，身体左转约180°成左弓步；同时，右拳变掌由外向内、向前划弧砍掌，掌心斜向上，砍掌力达掌外沿，左掌平搂变拳收至左腰侧。目视砍掌方向（图2-1-16①②）。

动作要点：砍掌要快，力点要准，上步与砍掌要协调。

图2-1-16 上步搂手砍掌

7. 并步架拳

重心后移，左脚向右脚并拢成并步下蹲。右掌变拳，随身体转动向额头前上方内旋架起；左臂屈肘握拳下栽于左腿上方，拳面向下，拳心朝外。目视左方（图2-1-17）。

动作要点：并步干脆利落，架拳略高于额头，与并步同时完成。

图2-1-17 并步架拳

8. 退步格肘

左脚向后退步，身体左转180°成马步；右拳向左经腹前向上、向右格肘，拳心向内，左拳收于腰间。目视右拳（图2-1-18）。

动作要点：退步与格肘同时进行，格肘时借腰转螺旋发力，幅度要小，发力短促。

### 9. 退步架拳

身体右转约 90°，右腿退步成左弓步；左拳随后屈肘向额前上方螺旋架起，右拳收抱腰间。目视前方（图 2-1-19）。

动作要点：退步与上架拳同时完成，上架拳略高于额头，力由腰间发出，螺旋上架，发力短促。

图 2-1-18　退步格肘

图 2-1-19　退步架拳

### 10. 上步推掌

右脚上步成右弓步，右拳变掌发力前推，借助反弹力微收，左拳变勾手经左肩外侧、左胸前向身体左侧勾挂。目视前方（图 2-1-20）。

动作要点：推掌时要滚出滚入，快速连贯，以腰发力，力达掌根。

### 11. 上步冲拳

左脚向前上步成左弓步，左手握拳从腰间螺旋冲出，力达拳面，右手由掌变拳收于腰间。目视前方（图 2-1-21）。

动作要点：上步与冲拳一气呵成，腰胯合一以助冲拳，左臂出拳后借弹力微回收。

图 2-1-20　上步推掌

图 2-1-21　上步冲拳

12. 闪身拨挡

右腿上步成右弓步，两臂体前交叉，右拳变掌经体前摆至左肩内侧成立掌，掌心朝外；左拳变勾随转体向下挂勾至臀侧，勾尖向上。目视左侧（图2-1-22①②）。

动作要点：格掌要借助转腰发力。

① 上步抡劈　② 闪身拨挡

图2-1-22　闪身拨挡

13. 收势

（1）身体右转90°成左弓步，右拳向前勾抄，左拳变掌顺势下按于右肘处。随即，身体右转，左脚尖内扣成马步；右拳随身体转动向额头前上方架起，左臂屈肘握拳下栽于左腿上方，拳面向下，拳心向外，同时发"呜—喂"声。目视左方（图2-1-23①②）。

（2）左脚并右脚，双臂放于身体两侧。目视前方（图2-1-23③）。

动作要点：弓步变马步要干脆，架拳略高于额头，与马步同时完成。

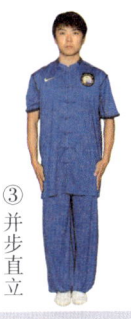

① 弓步勾抄　② 马步架拳　③ 并步直立

图2-1-23　收势

## 三、对打套路

### （一）动作名称

| 预备式 | | |
|---|---|---|
| | 甲 | 乙 |
| 1 | 起势 | 起势 |
| 2 | 上步推掌（推山掌） | 退步格肘（野马退槽） |
| 3 | 上步冲拳（蹬虎跨马） | 退步架拳（鲁班架棚） |
| 4 | 退步格肘（野马退槽） | 上步推掌（推山掌） |
| 5 | 退步架拳（鲁班架棚） | 上步冲拳（蹬虎跨马） |
| 6 | 上步搂手砍掌 | 闪身拨挡（犀牛望月） |
| 7 | 收势 | 收势 |

### （二）动作图解

预备式：甲乙并步直立，两手置于体侧，目视前方。乙向后转（图2-1-24①②）。

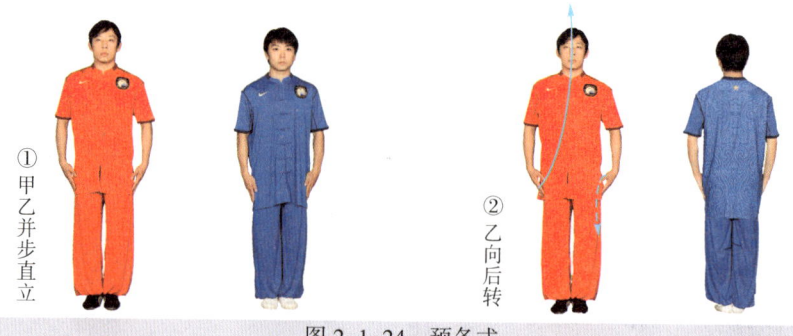

图2-1-24 预备式

**1. 甲乙起势**

甲乙随身体转动右拳向额前上方架起，左手屈肘握拳下栽于左腿上方，拳心向侧。甲乙目视对方（图2-1-25）。

动作要点：甲乙双方动作同时进行，干脆利落，摆头迅速，架拳略高于额头。

2. 甲上步推掌、乙退步格肘

甲身体左转90°，左脚上步成左弓步；右拳向下，经左肩前向后摆至右胯后变勾手左拳变掌从腰间向前推出攻击乙胸部。乙身体左转，左腿后退成马步；同时右手屈肘握拳从腰间向体前格挡甲左掌，左拳收抱腰间。甲乙目视对方（图2-1-26）。

动作要点：甲推掌时拧腰送肩，左掌回收时手指内旋带住乙腕。

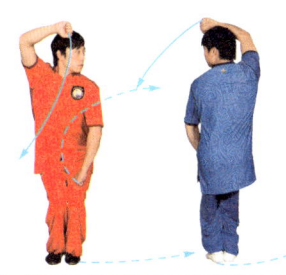
图 2-1-25　甲乙束身架拳

图 2-1-26　甲上步推掌、乙退步格肘

3. 甲上步冲拳、乙退步架拳

甲右腿向前上步成右弓步，右手变拳从腰间向乙面部或头部冲出，左手抱拳收于腰间。乙右腿向后退步成左弓步，左拳随后退屈肘向额前上方螺旋架起，右拳收于腰间。甲乙目视对方（图2-1-27）。

图 2-1-27　甲上步冲拳、乙退步架拳

动作要点：甲冲拳、上步同时进行，乙退步架拳要及时。

4. 乙上步推掌、甲退步格肘

乙右脚上步成右弓步，右拳变掌从腰间向甲胸前击出，左拳向下经右肩前向后摆至左胯后变勾手。甲右脚后退，身体右转90°成马步；左手握拳屈肘从腰间向体前格挡乙掌，右手抱拳收于腰间（图2-1-28）。

动作要点：甲退步格档乙臂要及时、准确。

5. 乙上步冲拳、甲退步架拳

乙左脚上步成左弓步，左拳从腰间向甲面部冲出，右掌变拳抱于腰间。甲身体左转，左脚退步成右弓步；右臂屈肘从腰间经胸前、面部向额前上方架击乙拳，左拳抱于腰间（图2-1-29）。

动作要点：甲架拳与退步同时完成，乙冲拳、上步配合一致，发力顺达。

图2-1-28　乙上步推掌、甲退步格肘

图2-1-29　乙上步冲拳、甲退步架拳

6.甲上步搂手砍掌、乙闪身拨挡

（1）甲重心微起，左脚上步，左手由拳变掌经腰间按乙肘。乙顺势重心前移，左脚上步。甲乙目视对方（图2-1-30①）。

（2）甲右脚向前上步，身体左转180°成左弓步；右拳变掌向乙颈部或面部砍击，左手握拳于腰间。乙身体右转闪身，右掌摆至左肩外侧阻挡甲右掌，左掌顺势向下、向左、向外挂勾，勾尖向上。甲乙目视对方（图2-1-30②）。

动作要点：甲乙上步转体、砍掌、格掌同步。

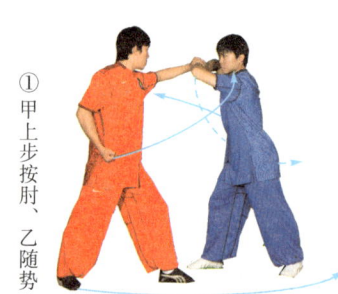

图2-1-30　甲上步搂手砍掌、乙闪身拨挡

7. 甲乙收势

（1）甲重心左移，甲乙左手变拳下按于右肘处。甲乙身体右转成马步，右拳随身体转动向额前上方架起，左手屈肘握拳下栽于左腿上方，拳心向后同时发声"呜——喂"。甲乙目视对方（图2-1-31①②）。

（2）甲乙左脚并右脚，两手放至体侧，目视前方。甲向后转（图2-1-31③④）。

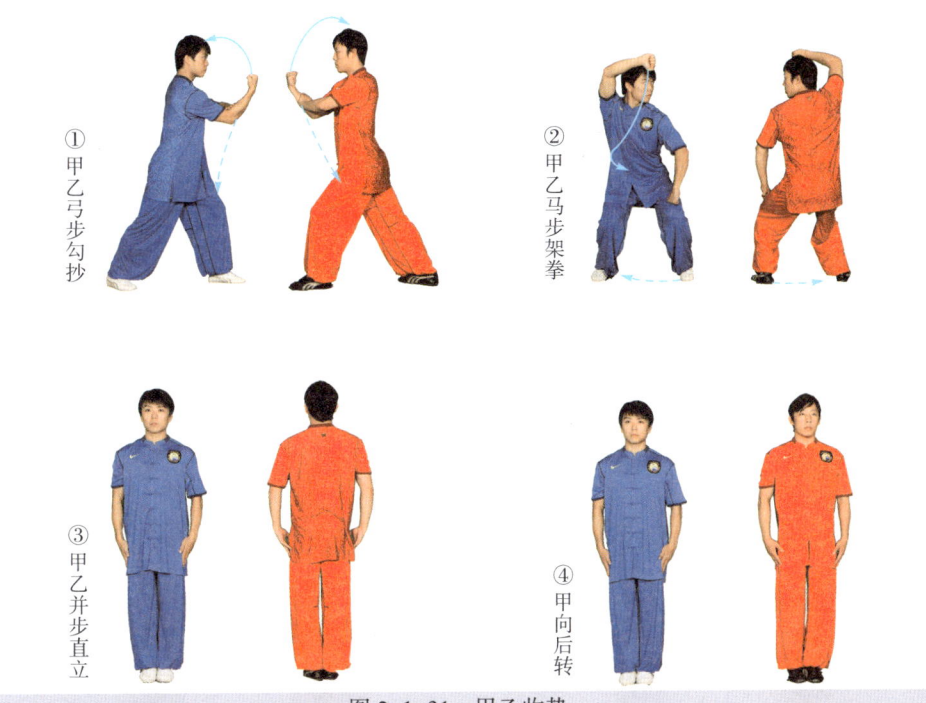

图2-1-31 甲乙收势

## 四、拆招

1. 上步推掌拆招

（1）甲乙相向开步直立，相距约1米（图2-1-32①）。

（2）乙左脚上步成左弓步，右拳从腰间向甲胸部击打（图2-1-32②）。

（3）甲身体略左转，左腿屈膝提起，右掌下压乙冲拳，目视乙方（图2-1-32③）。

（4）甲左脚前落成左弓步，左掌向乙胸部推击，乙顺势后仰闪躲（图2-1-32④）。

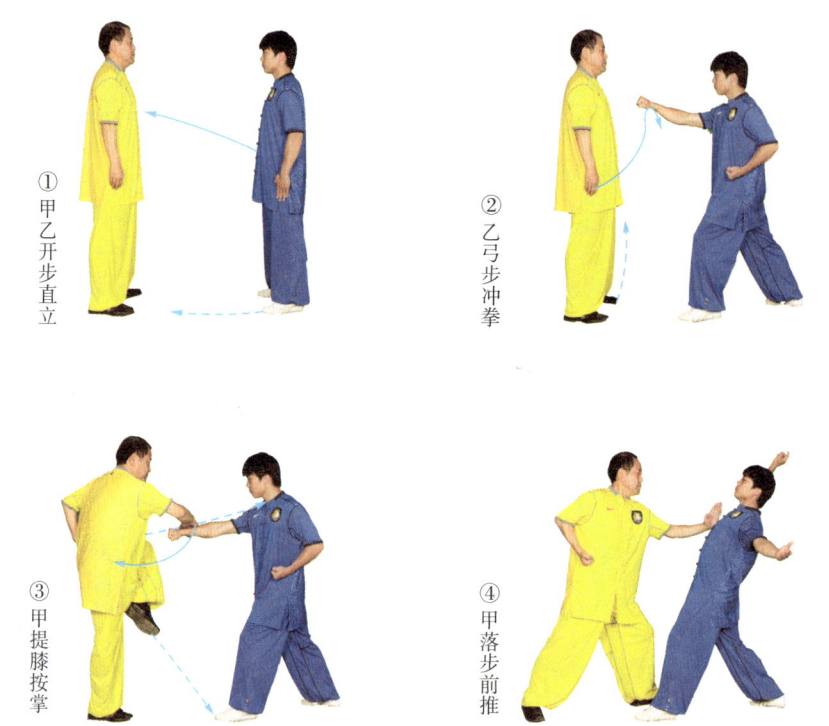

图 2-1-32　上步推掌拆招

## 2. 退步格拳拆招

（1）甲乙相向开步直立，相距约 1 米（图 2-1-33 ①）。

（2）乙左脚上步成右弓步，右拳前冲击打甲胸部（图 2-1-33 ②）。

（3）甲右脚退步，身体右转 90° 成马步；左臂屈肘向体前划弧格挡乙拳，右拳收于腰间（图 2-1-33 ③）。

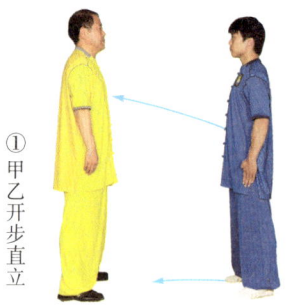
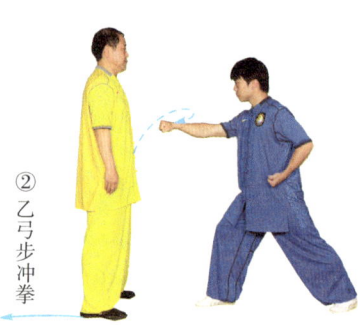

图 2-1-33　退步格拳拆招

3. 上步砍掌拆招

（1）甲乙相向开步直立，相距约 1 米（图 2-1-34①）。

（2）乙左脚上步成左弓步，左拳向甲胸部冲出（图 2-1-34②）。

（3）甲左脚上步，左手扣压乙左手腕（图 2-1-34③）。

（4）甲右脚迅速上步，身体左转；左手继续扣压乙左手腕，右掌向乙颈部砍击，掌心斜向上，力达掌根（图 2-1-34④）。

动作要点：甲扣腕要紧，上步要快，上步与砍掌要协调。

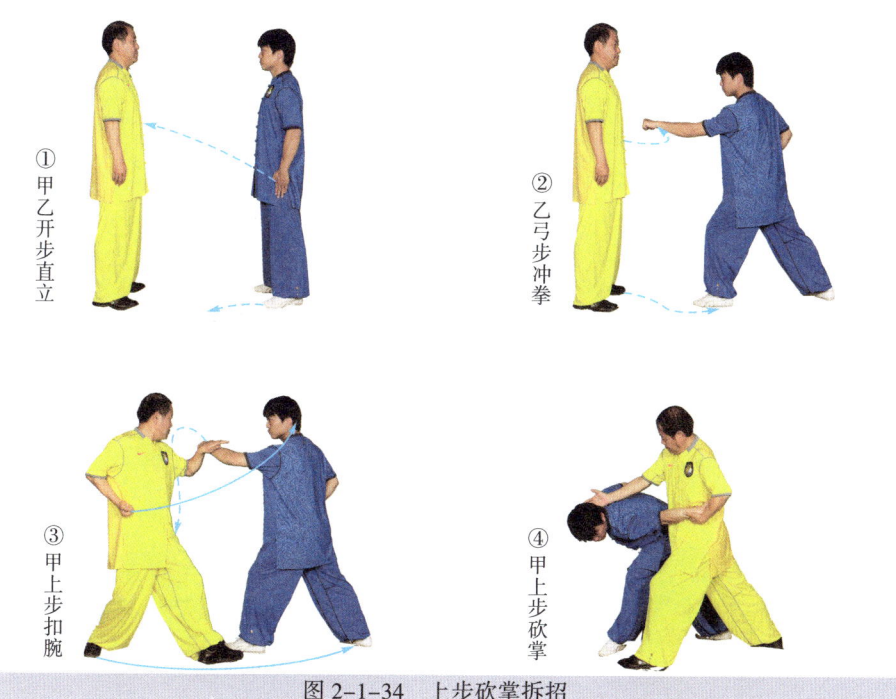

图 2-1-34　上步砍掌拆招

## 第二节 | 少林拳二段技术图解

### 一、基本形态

（一）静型

1. 手型

抢手：手心向上，四指并紧，大拇指内扣，掌指向前上方45°，力达掌尖（图2-2-1）。

2. 步型

虚步：一腿屈膝下蹲，全脚掌着地踏实；另一脚脚尖虚点地面，膝关节微内合。目视前方（图2-2-2）。

动作要点：挺胸收腹，虚实分明。

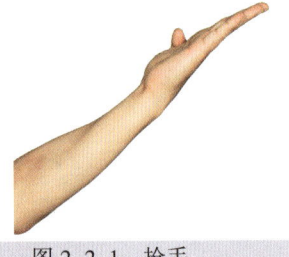

图2-2-1　抢手

图2-2-2　虚步

（二）动态

1. 手法

（1）格挡：左臂外旋上抬，大臂与肩平，小臂从左侧外旋向左前上方格挡。重心下移成马步，借助小臂外旋反弹力内旋向下格挡（图2-2-3①~③）。

动作要点：格挡迅速有力，协调一致。

图 2-2-3　格挡

（2）抢手：左脚上步，左掌快速从腰间穿出，臂微屈，掌心朝上，力达掌指，右拳抱于腰间。右脚上步，右拳变掌快速从腰间穿出，左拳抱于腰间（图 2-2-4①~③）。

图 2-2-4　抢手

（3）拿腕：左臂前伸内旋，左掌从腰间经胸向前叼拿，右掌向前按于左腕处，虎口向内（图 2-2-5①~④）。

动作要点：手法快速灵活，连贯协调。

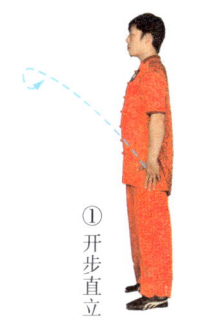

③旋腕扣指　④右扣手

图 2-2-5　拿腕

（4）合肘：身体左转，重心下移成左虚步；双拳随身体左转内合，向前上方抄出，拳面向上，左拳高与鼻平，右拳置于胸前（图 2-2-6①②）。

动作要点：两肘要内合，力达拳面。

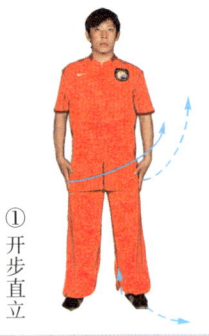

①开步直立　②转身合肘

图 2-2-6　合肘

2. 腿法

（1）弹踢：左腿屈膝下蹲，右腿由屈到伸上抬并向前弹踢，脚面绷紧，力达脚尖，弹踢高不过膝，弹踢结束后迅速回收小腿。目视前方（图 2-2-7①②）。

动作要点：弹踢自然有力，富有弹性，力达脚尖。

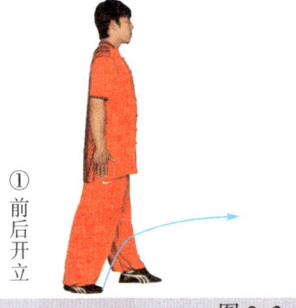

①前后开立　②弹踢

图 2-2-7　弹踢

（2）勾踢：右腿上提内扣，右脚脚掌上挑，脚跟擦地后向左前方勾踢，左脚掌与小腿夹角90°，两掌胸前合抱（图2-2-8①②）。

动作要点：身勾踢，幅度不易太大，团身发力，力达勾踢脚内侧。

图2-2-8　勾踢

（3）低踹腿：右腿上抬，大小腿折叠，脚掌内扣；展右胯，大腿推压小腿向右下方踹出，挺膝，力达脚底。目视右腿方向（图2-2-9①~③）。

动作要点：抬腿下踹，低踹腿高不过膝。

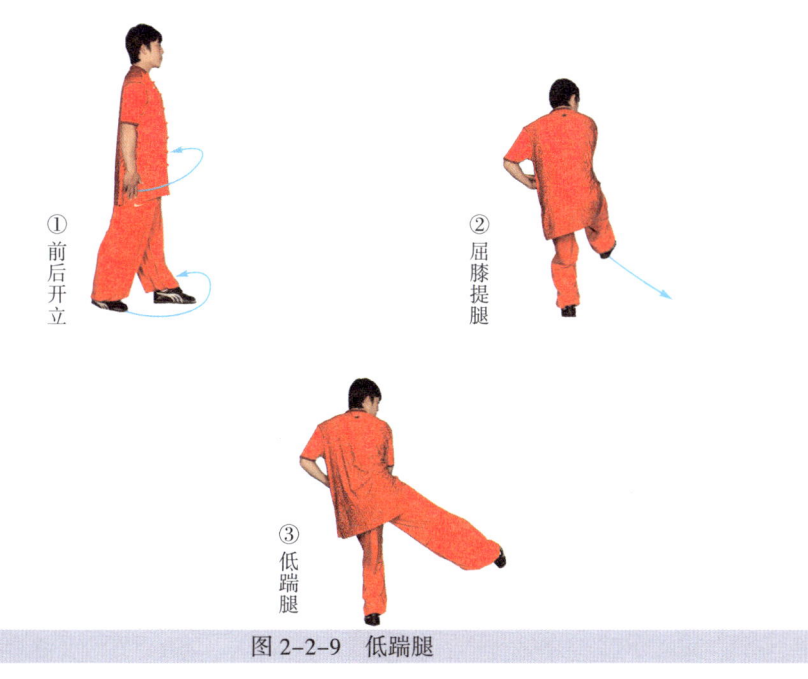

图2-2-9　低踹腿

## 二、单练套路

### （一）动作名称

| 预备式 | | | | | |
|---|---|---|---|---|---|
| 第一小节 | | | | | |
| 1 | 起势 | 2 | 右弹踢（浪子踢球） | 3 | 反弹上下格拳（迎风相连） |
| 4 | 退步削挂（小削手） | 5 | 反弹上下格拳（迎风相连） | 6 | 抢手转身合肘（双关铁门） |
| 7 | 弓步架掌（罗汉望仙） | 8 | 扣腕勾踢（凤凰夺窝） | 9 | 低踹腿（踹腿） |
| 10 | 马步冲拳（猛虎出洞） | | | | |
| 第二小节 | | | | | |
| 11 | 并步架拳（束身坐山） | 12 | 退步削挂（小削手） | 13 | 反弹上下格拳（迎风相连） |
| 14 | 左弹踢（浪子踢球） | 15 | 反弹上下格拳（迎风相连） | 16 | 抢手转身合肘（双关铁门） |
| 17 | 弓步推掌（仙童献茶） | 18 | 锁腕后拉（文王拉纤） | 19 | 马步下截（单排掌） |
| 20 | 马步格挡（罗汉横摆） | 21 | 收势 | | |

### （二）动作图解

预备式：同一段单练套路（图2-2-10）。

1. 起势

同一段单练套路（图2-2-11）。

图 2-2-10　并步直立

图 2-2-11　束身架拳

2. 右弹踢

（1）身体左转90°，左脚向前上步，双拳收于腰间（图2-2-12①）。

（2）左腿屈膝半蹲，右腿提膝弹踢。目视前方（图2-2-12②）。

动作要点：弹腿要快弹快收，高不过膝。

图2-2-12　右弹踢

3. 反弹上下格拳

（1）右腿前落，身体左转90°；右手握拳外旋，小臂向右前方格挡，大臂高与肩平（图2-2-13①）。

（2）重心下移成马步，右臂借助上格挡的反弹力内旋向下格挡，置于右腿膝关节前上方；左掌立于右肩前，掌心向外。目视右拳（图2-2-13②）。

动作要点：下格拳要借助外旋的反弹力。

图2-2-13　反弹上下格拳

4. 退步削挂

身体右转，右腿后撤成马步；左掌向前下抡挂，右拳收于腰间（图2-2-14）。

动作要点：撤步与挂掌要协调。

图2-2-14　退步削挂

### 5. 反弹上下格拳

（1）左手握拳，大臂上抬，高与肩平，小臂外旋格档（2-2-15①）。

（2）借助上格拳反弹力，左臂内旋向下格档，置于右腿膝关节前上方，右掌置于左肘关节内。目视左拳（图2-2-15②）。

动作要点：下格拳要借助外旋的反弹力格打。

图 2-2-15　反弹上下格拳

### 6. 抢手转身合肘

（1）重心右移，左脚尖点地；两掌收于腰间，掌心朝上。目视前方（图2-2-16①）。

（2）左脚进步成左弓步，左掌向前抢手。随即，右脚上步成右弓步；右掌向前抢手，左手握拳收于腰间（图2-2-16②③）。

（3）身体左转180°，重心下移，左脚成左虚步；随身体左转双臂旋转内合，双拳向前上方抄出，拳面均向上，左拳高与鼻平，右拳置于胸前（图2-2-16④）。

动作要点：上步、抢手协调完成，发力短促迅猛。

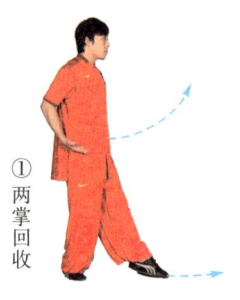

图 2-2-16　抢手转身合肘

7. 弓步架掌

左脚向前进步成左弓步，左拳变掌，左小臂从腰间经体前上架，掌心斜向上，右拳收于腰间（图 2-2-17）。

动作要点：左小臂螺旋上架，与左脚上步完成，略高于额头。

8. 扣腕勾踢

左手下压、抓握、内扣，右手扣于左腕上方，向右腰间下拉；右腿屈膝上抬，前脚掌上挑，脚跟擦地向斜前方勾踢（图 2-2-18①～③）。

图 2-2-17　弓步架掌

动作要点：下拉与勾踢借助转身拧腰同时完成。

图 2-2-18　扣腕勾踢

9. 低踹腿

身体略左转，右脚勾踢后迅速展胯、伸腿，向斜下方踹出。目视前方（图 2-2-19）。

动作要点：脚尖横向回勾，形成足刀，低踹腿力达足外沿。

10. 马步冲拳

右脚落地，两腿下蹲成马步；右拳从腰间冲出，拳眼朝上，左拳收于腰间，同时发"咿"声（图 2-2-20 ① ②）。

动作要点：冲拳从腰间发力。

图 2-2-19  低踹腿

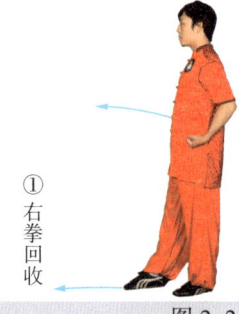
① 右拳回收

② 马步冲拳

图 2-2-20  马步冲拳

11. 并步架拳

重心后移，右腿提膝后退，身体右转180°，左脚向右脚并拢，两腿屈膝半蹲；右拳经体侧外摆划弧上架至额前上方，左拳下栽于左腿上方，拳面向下。目视左方（图 2-2-21）。

12. 退步削挂

左腿向后退步，身体左转180°成马步；右拳变掌向右前方削挂，左拳收于腰间。目视右掌（图 2-2-22）。

动作要点：削挂有力，力达掌外沿。

图 2-2-21  并步架拳

图 2-2-22  退步削挂

13. 反弹上下格拳

（1）右手握拳，大臂上抬高与肩平，小臂外旋格档（图 2-2-23 ①）。

（2）随后借助外旋反弹力，小臂内旋下格档，置于左腿膝关节上方，左掌附于右肘关节内侧。目视右拳（图 2-2-23 ②）。

动作要点：下格拳要借助外旋的反弹力格打。

图 2-2-23　反弹上下格拳

14. 左弹踢

身体右转 90°，双拳收抱于腰间。右腿支撑，屈膝半蹲，左腿提膝向前弹踢。目视前方（图 2-2-24①②）。

动作要点：弹踢要快弹快收，高不过膝。

图 2-2-24　左弹踢

15. 反弹上下格拳

（1）左脚前落，左手握拳，大臂上抬高与肩平，小臂外旋格档，右拳变掌置于左肘关节内处（2-2-25①）。

（2）借助上格拳反弹力，小臂内旋下格档，左拳置于右腿膝关节上方。目视左拳（图 2-2-25②）。

图 2-2-25　反弹上下格拳

16. 抢手转身合肘

（1）重心右移，左脚尖点地；两掌收于腰间，掌心朝上。目视前方（图2-2-26①）。

（2）左脚进步成左弓步，左掌向前抢手。随即，右脚上步成右弓步；右掌向前抢手，左手握拳收于腰间（图2-2-26②③）。

（3）身体左转90°，重心下落成左虚步；随身体左转，双臂旋转内合，双拳向前上方抄出，拳面向上，左拳高与鼻平，右拳置于胸前（图2-2-26④）。

图2-2-26　抢手转身合肘

17. 弓步推掌

左脚进步成左弓步，左拳变掌下按后收至左腰间，右拳变掌下按回收后迅速向前推出，掌心朝前，目视前方（图2-2-27）。

18. 锁腕后拉

重心前移，左手扣于右腕上方，向后拉。左腿屈膝提起，目视前方（图2-2-28①②）。

图2-2-27　弓步推掌

动作要点：锁腕要紧，提膝要稳。

图 2-2-28　锁腕后拉

19. 马步下截

重心后移，左脚后落成马步；两拳变掌，右掌下截，左掌收于腰间。目视前方（图 2-2-29）。

20. 马步格挡

右脚退步，身体右转 180°成马步；左掌变拳，左臂向内格挡，右掌变拳收于腰间。目视前方（图 2-2-30）。

图 2-2-29　马步下截

图 2-2-30　马步格挡

21. 收势

同一段单练套路（图 2-2-31 ①～③）。

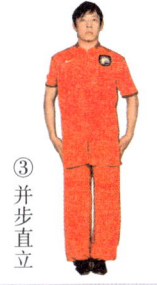

图 2-2-31　收势

## 三、对打套路

### （一）动作名称

| 预备式 | | |
|---|---|---|
| | 甲 | 乙 |
| 1 | 起势 | 起势 |
| 2 | 右弹踢（浪子踢球） | 退步削挂（小削手） |
| 3 | 反弹上下格拳（迎风相连） | 反弹上下格拳（迎风相连） |
| 4 | 退步削挂（小削手） | 左弹踢（浪子踢球） |
| 5 | 反弹上下格拳（迎风相连） | 反弹上下格拳（迎风相连） |
| 6 | 抢手转身合肘（双关铁门） | 抢手转身合肘（双关铁门） |
| 7 | 弓步架掌（罗汉望仙） | 弓步推掌（仙童献茶） |
| 8 | 扣腕勾踢（凤凰夺窝） | 锁腕后拉（文王拉纤） |
| 9 | 低踹腿（踹腿） | 马步下截（单排掌） |
| 10 | 马步冲拳（扑面捶） | 马步格挡（罗汉横摆） |
| 11 | 收势 | 收势 |

### （二）动作图解

预备式：同一段对打套路（图 2-2-32①②）。

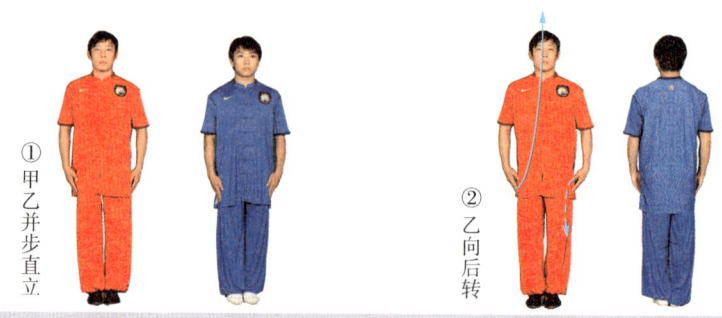

图 2-2-32　预备式

1. 甲乙起势

同一段对打套路（图2-2-33）。

2. 甲右弹踢、乙退步削挂

甲身体左转90°，双拳收抱于腰间，右腿提膝向乙裆部弹踢，左腿屈膝半蹲，目视乙方。乙左腿向后退步，身体左转成马步；右掌削挂甲右脚，左拳收抱于腰间，目视削挂方向（图2-2-34）。

动作要点：甲弹踢有力，乙退步迅速，削挂及时。

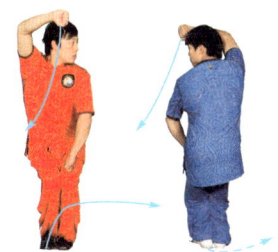

图2-2-33　甲乙束身架拳

图2-2-34　甲右弹踢、乙退步削挂

3. 甲乙反弹上下格拳

（1）甲右脚前落，身体左转；右手握拳，右臂上抬，高与肩平，小臂外旋向乙头部击打。乙左手握拳，右臂上抬，高与肩平，小臂外旋向上迎击（图2-2-35①）。

（2）甲右臂借助外旋的反弹力，内旋向乙右膝击打。乙右臂借助外旋的反弹力，内旋向甲右膝迎击，目视击打方向（图2-2-35②）。

动作要点：甲乙上下格臂有力，格臂部位交叉。

① 甲上格、乙上格

② 甲下格、乙下格

图2-2-35　甲乙反弹上下格拳

### 4. 乙左弹踢、甲退步削挂

乙身体右转 90°，左腿向甲腹部弹踢，目视甲方。甲右腿后退成马步，左掌向乙左脚削挂，右拳收于腰间（图 2-2-36）。

动作要点：乙弹踢要快而有力，甲退步迅速，削挂及时。

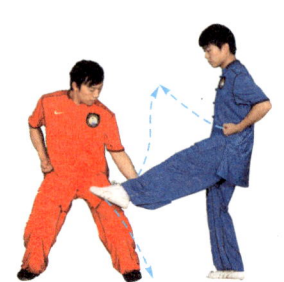

图 2-2-36　乙左弹踢、甲退步削挂

### 5. 甲乙反弹上下格拳

（1）乙左脚前落，身体右转；左手握拳，左臂上抬，高与肩平，小臂外旋向甲头部击打，目视甲方。甲左手握拳，左臂上抬，高与肩平，小臂外旋向上迎击，目视乙方（图 2-2-37①）。

（2）乙左臂借助上格拳反弹力，内旋向甲右膝击打。甲左臂借助外旋反弹力，内旋向乙右膝迎击，目视击打方向（图 2-2-37②）。

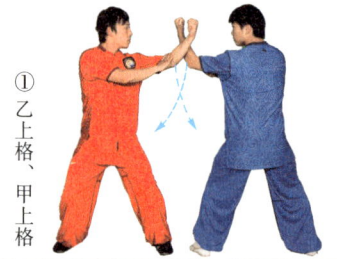 

图 2-2-37　甲乙反弹上下格拳

### 6. 甲乙抢手转身合肘

（1）甲乙重心右移，左脚尖点地；两掌收于腰间，掌心朝上，目视前方（图 2-2-38①）。

（2）甲乙左脚进步成左弓步，左掌向前抢手。随即，右脚上步成右弓步；右掌向前抢手，左手握拳收于腰间（图 2-2-38②③）。

（3）甲乙身体左转90°，重心下移成左虚步；随身体左转双臂旋转内合，双拳向前上方勾出，拳面向上，左拳高与鼻平，右拳置于胸前（图2-2-38④）。

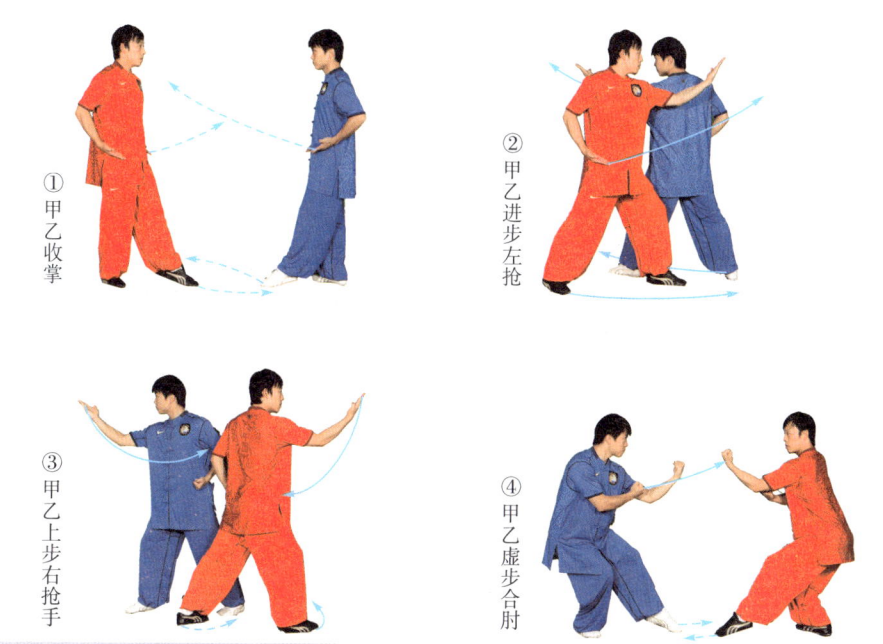

图2-2-38　甲乙抢手转身合肘

7. 乙弓步推掌、甲弓步架掌

乙左脚进步成左弓步，左手变掌向甲胸部推出，右手收至腰间，目视甲方。甲左脚向前进步成左弓步，左拳变掌，左小臂从腰间经体前上架，掌心向斜前上方，右拳收于腰间，目视乙方（图2-2-39）。

动作要点：甲上架要及时。

图2-2-39　乙弓步推掌、甲弓步架掌

8.甲扣腕勾踢、乙锁腕后拉

(1)甲左腕下压,抓握乙右手腕,乙左手快速扣压甲左手腕。甲右手迅速扣压乙左手腕,向右腰间下拉,目视乙方(图2-2-40①)。

(2)甲右腿屈膝上抬,前脚掌上挑,脚跟擦地向乙左脚踝处勾踢。乙左腿屈膝提起,两手顺重心后移之势后拉,目视甲方(图2-2-40②)。

动作要点:甲乙扣腕下压要连贯快速,扣腕要紧,甲勾踢要快,乙提膝要稳。

① 甲扣腕、乙锁腕

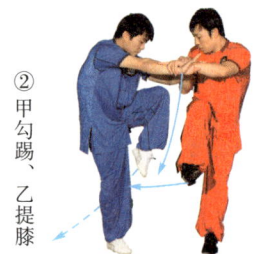
② 甲勾踢、乙提膝

图2-2-40 甲扣腕勾踢、乙锁腕后拉

9.甲低踹腿、乙马步下截

甲身体略左转,右脚勾踢后,迅速展胯伸腿向乙小腿处踹出。乙左脚迅速后落成马步,两拳变掌,右掌顺势下截甲右脚,左掌收抱腰间,目视甲方(图2-2-41)。

动作要点:甲踹腿要快,乙落步下截要迅速、准确。

10.甲马步冲拳、乙马步格挡

甲右脚前落成马步,右拳向乙胸部冲出,左拳收于腰间,目视乙方。乙右脚退步,左臂外旋屈肘,向左架格甲拳,目视格挡方向(图2-2-42)。

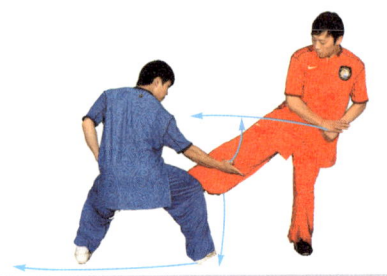
图2-2-41 甲低踹腿、乙马步下截

图2-2-42 甲马步冲拳、乙马步格挡

11. 甲乙收势

同一段对打套路（图 2-2-43 ① ~ ④）。

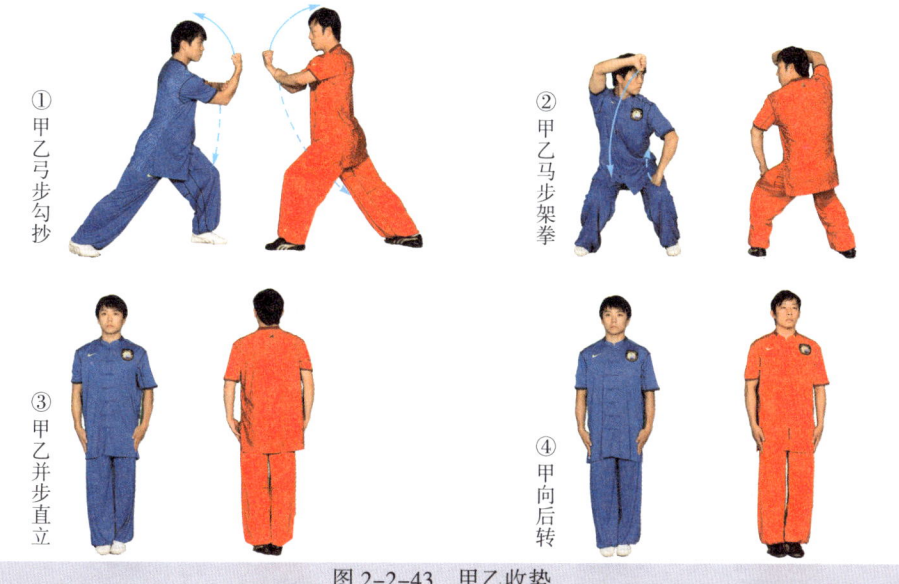

图 2-2-43　甲乙收势

## 四、拆招

1. 削挂拆招

（1）甲乙相向开步直立，相距 1 米左右（图 2-2-44 ①）。

（2）乙左弹踢腿进攻甲裆部（图 2-2-44 ②）。

（3）甲身体右转，右脚退步闪身；左手向外削挂乙左脚踝（图 2-2-44 ③）。

动作要点：甲向外挂格要顺乙弹踢之势，削挂要快速及时。

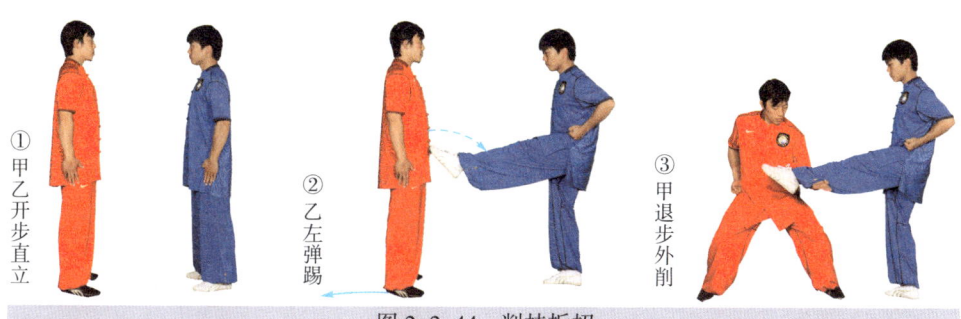

图 2-2-44　削挂拆招

2. 勾踢腿拆招

（1）甲乙相向开步直立，相距1米左右（图2-2-45①）。

（2）乙左脚上步，右掌推击甲胸部（图2-2-45②）。

（3）甲左脚上步，左臂上架乙右臂（图2-2-45③）。

（4）甲左腕外旋扣拿乙右腕，乙左掌迅速扣压抓拿甲左腕（图2-2-45④⑤）。

（5）甲右掌迅速扣压乙左腕，右脚勾踢乙左脚踝；同时两手臂外旋，合力将乙摔倒（图2-2-45⑥⑦）。

动作要点：甲扣腕要有力，勾踢与旋臂要协调。

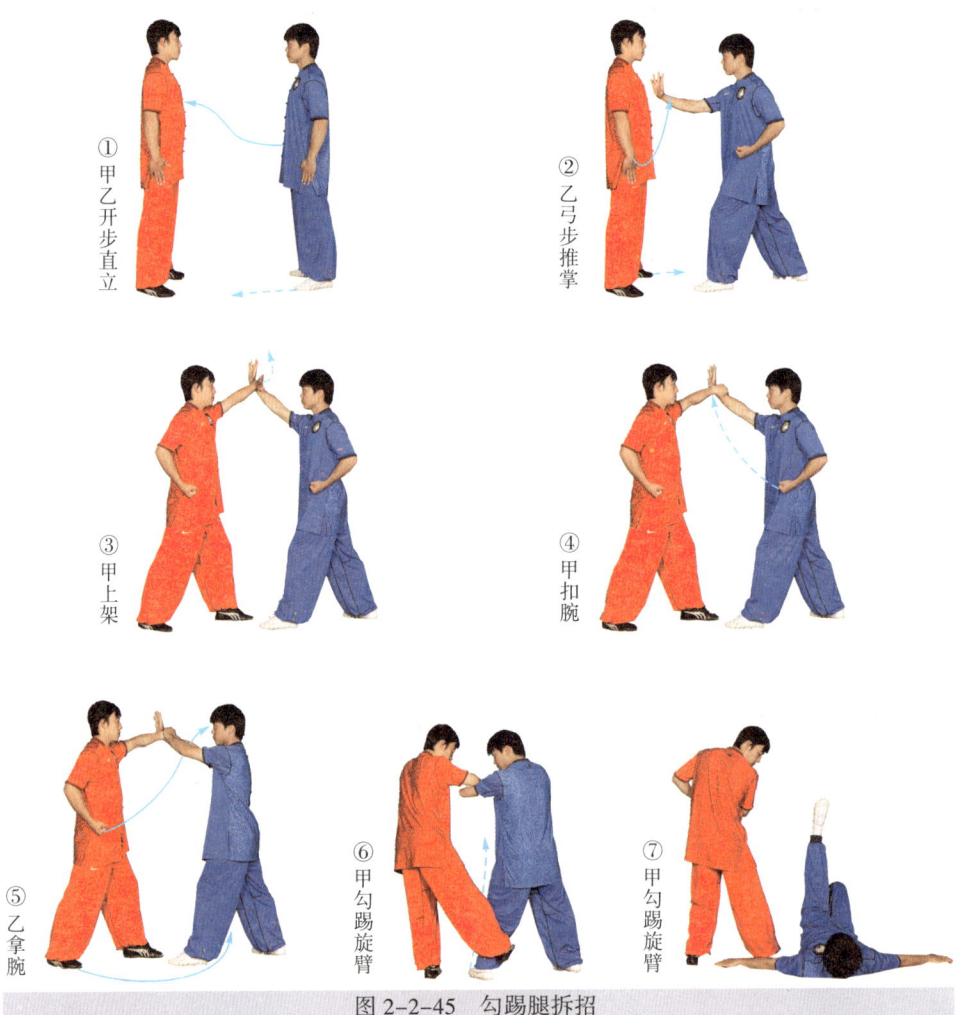

图2-2-45　勾踢腿拆招

3.侧踹腿拆招

（1）甲乙相向开步直立，相距1米左右（图2-2-46①）。

（2）乙右脚上步，右掌推击甲胸部（图2-2-46②）。

（3）甲右脚向后活步，顺势合掌，双掌内旋扣压乙右臂，随重心后移，身体右转，双臂回带（图2-2-46③④）。

（4）甲左脚踹击乙腿，乙屈膝跪地（图2-2-46⑤⑥）。

动作要点：甲合掌内旋要连贯，侧踹要稳。

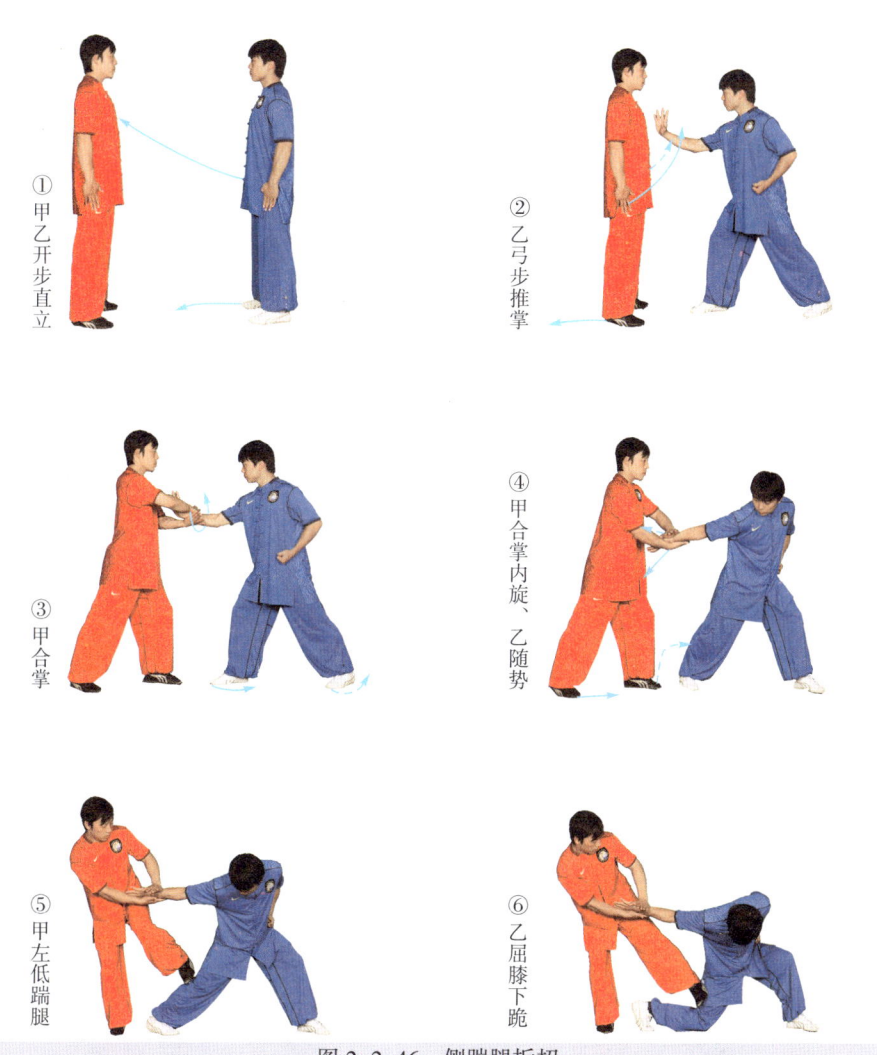

图2-2-46 侧踹腿拆招

## 第三节 | 少林拳三段技术图解

### 一、基本形态

（一）静型

爪：五指弯曲撑开，掌心尽量前凸，力达第一指节（图2-3-1）。

动作要点：五指外撑有力。

（二）动态

1. 手法

（1）横勾拳：左拳经腰间向外、向前划弧后向内横勾，力达拳面（图2-3-2①②）。

动作要点：向内横勾时，肘关节约与拳同高，力达拳面。

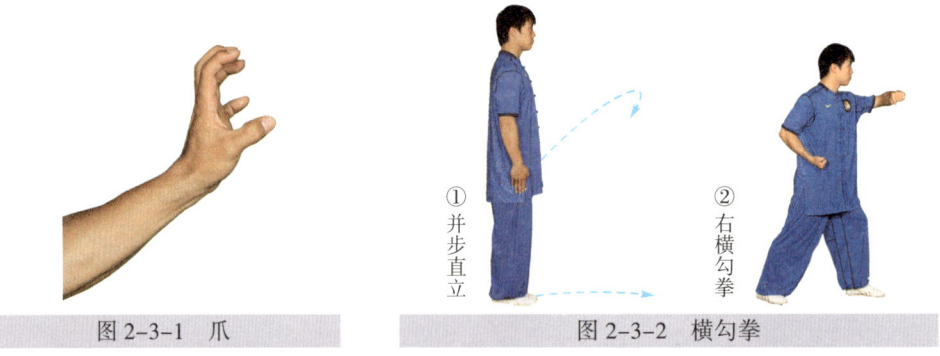

图2-3-1　爪　　　　　　　图2-3-2　横勾拳

（2）顶肘（以右顶肘为例）：右脚上步成右弓步，右臂屈肘从身体右侧经腹前抬至胸前，肘尖向外，向身体右侧横顶击（图2-3-3①②）。

动作要点：拧腰发力，力达肘尖。

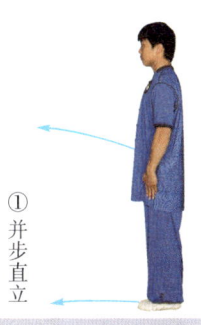 

图 2-3-3 顶肘

（3）叼托手：右手扣腕、屈肘向身体右侧横向叼出，左掌顺势向上托出，高与鼻平（图 2-3-4①②）。

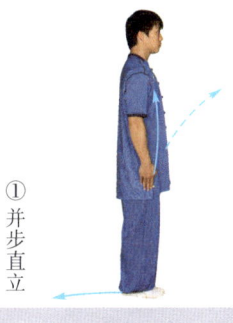 

图 2-3-4 叼托手

（4）勾挂：左掌从胸前经腹前向左胯外侧勾挂，勾尖向上，力达勾尖（图 2-3-5①②）。

动作要点：下挂有力，力达勾尖。

图 2-3-5 勾挂

（5）里格拳：右臂屈肘从腰间经右胸前向左横击，拳心向内，目视前方（图2-3-6①②）。

动作要点：格拳有力。

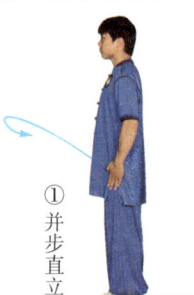

图2-3-6　里格拳

（6）旋腕别臂：一手外旋拉至腰间，另一手按掌别臂（图2-3-7①②）。

动作要点：按掌别臂要借助转腰发力。

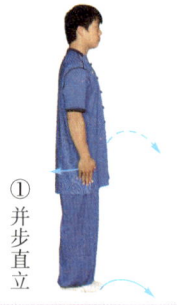

图2-3-7　旋腕别臂

2. 步法

绕步：左脚弧形向左前方上步，右脚脚掌扒地后踢，右腿大小腿折叠，扣步落地内（图2-3-8①~③）。

动作要点：弧形上步，脚掌扒地。

图2-3-8　绕步

## 二、单练套路

### （一）动作名称

| 预备式 | | |
|---|---|---|
| 第一小节 | | |
| 1 起势 | 2 右弓步横勾拳（横扫千军） | 3 换跳步横勾拳（横扫千军） |
| 4 右弓步顶肘（碎心肘） | 5 换跳步顶肘（碎心肘） | 6 马步格肘（罗汉横摆） |
| 7 弓步勾挂（回头望月） | 8 绕步换式（磨盘步） | 9 抢手亮掌（小关门） |
| 10 叼手托臂（天王托塔） | 11 退步别臂（罗汉伏虎） | 12 上步穿掌（白蛇吐信） |
| 13 马步反插掌（反拨手） | | |
| 第二小节 | | |
| 14 并步架拳（束身坐山） | 15 左退步横勾拳（罗汉挥袖） | 16 换跳步横勾拳（罗汉挥袖） |
| 17 左退步拿肘（虎爪手） | 18 换跳步拿肘（虎爪手） | 19 马步格挡（护心肘） |
| 20 弓步勾挂（回头望月） | 21 绕步换式（磨盘步） | 22 抢手亮掌（小关门） |
| 23 进步冲拳（扑面捶） | 24 马步反插拳（下阴捶） | 25 退步合掌（怀中抱月） |
| 26 绞手压臂（勒马势） | 27 收势 | |

### （二）动作图解

预备式：同一段单练套路（图2-3-9）。

1. 起势

同一段单练套路（图2-3-10）。

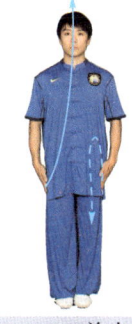

图2-3-9　并步直立

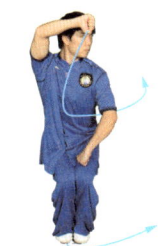

图2-3-10　束身架拳

2. 右弓步横勾拳

右脚上步成右弓步,右拳从腰间由外向内横勾,拳眼向内。目视前方(图2-3-11)。

动作要点:横勾拳有力,力达拳面。

3. 换跳步横勾拳

两脚蹬地微腾空,左右腿交换落地成左弓步;同时左拳从腰间由外向内横勾,拳心向下,拳眼向内。目视前方(图2-3-12)。

 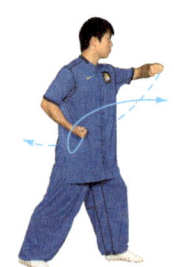

图2-3-11 右弓步横勾拳　　　　　图2-3-12 换跳步横勾拳

4. 右弓步顶肘

(1)左脚进步,同时右臂由后向前抡臂,左臂后摆(图2-3-13①)。

(2)右脚上步成右子步,右掌变拳,右臂屈时经体前向前顶肘,左拳变掌置于右拳拳面。目视顶肘方向(图2-3-13②)。

动作要点:顶肘力达肘尖。

图2-3-13 右弓步顶肘

5. 换跳步顶肘

两脚蹬地微腾空,左右腿交换落地成左弓步;左臂由后向前抡臂,右臂后摆。左掌变拳，左臂屈时向前顶肘，右拳变掌置于左拳拳面。同时发"咿"声，目视前方（图2-3-14①②）。

① 左抡臂　② 左弓步顶肘

图2-3-14　换跳步顶肘

6. 马步格肘

右脚上步，身体左转90°成马步；右掌变拳向内裹肘至胸前。目视前方（图2-3-15）。

正面　　　　背面

图2-3-15　马步格肘

7. 弓步勾挂

身体右转约90°，左腿伸直成右弓步；左手变勾手，直臂由身体内侧顺时针向身体外侧挂出，勾尖向外，右掌立于左肩内侧。目视左后方（图2-3-16）。

动作要点：勾挂要借助身体右转拧腰的力量。

正面　　　　背面

图2-3-16　弓步勾挂

## 8. 绕步换式

（1）身体重心右移，左脚扒地，左腿后踢小腿，大小腿折叠（图2-3-17①）。

（2）左脚经右脚内侧向左前方绕圆上步，脚尖外摆；身体向内倾斜，右肩高于左肩。目视左右方（图2-3-17②）。

（3）随即，右脚扒地，向左前方绕圆上步，脚尖内扣成右弓步，身体重心向内倾斜，右肩高于左肩。目视左方（图2-3-17③）。

动作要点：上步时要绕圆，身体向内倾斜，小腿后踢要放松，力达脚掌。

图2-3-17　绕步换式

## 9. 抢手亮掌

（1）左脚活步成左弓步，左手随身体左转向前做抢手，右拳抱于腰间（图2-3-18①）。

（2）随后右脚上步，右抢手，左拳收于腰间（图2-3-18②）。

（3）上动不停，身体左转90°成左虚步；两掌上挑立于胸前。目视前方（图2-3-18③）。

动作要点：上步抢手有力，转体连贯。

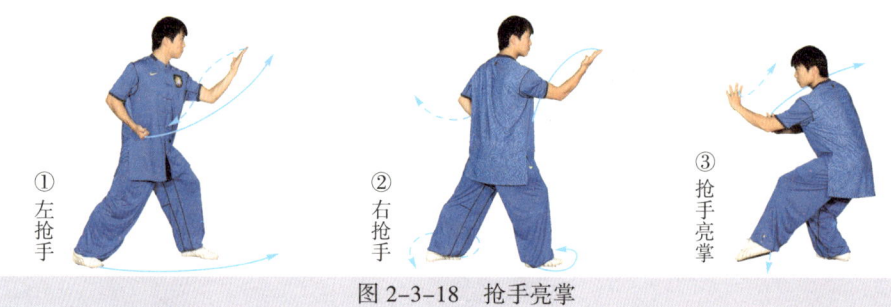

图2-3-18　抢手亮掌

10. 叼手托臂

左脚落地，重心偏向右腿；右臂扣腕、屈肘，向身体右侧横向叼出，左掌向上托出，掌心向上，高与鼻平。目视前方（图2-3-19）。

图2-3-19　叼手托臂

11. 退步别臂

左脚向后退步，双掌内旋向前下方拧按，掌心向下。目视按掌方向（图2-3-20）。

动作要点：向前下拧按与退步同时完成，双掌五指微内扣。

12. 上步穿掌

左脚向前上步成左弓步，右掌从腰间向前穿出，掌指向前，掌心向上，左拳收于腰间。目视穿掌方向（图2-3-21）。

动作要点：穿掌力达掌尖。

 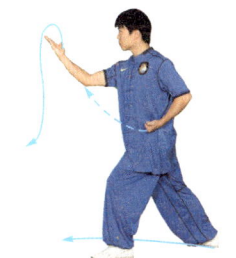

图2-3-20　退步别臂　　　　图2-3-21 上步穿掌

13. 马步反插掌

身体左转，右脚上步，两腿屈蹲成马步；右掌向身体右侧下方反插，左掌立于右肩前，掌心朝外。目视插掌方向（图2-3-22）。

动作要点：反插掌借助转腰发力。

#### 14. 并步架拳

身体右转180°，右脚向右后退步，左脚向右脚并拢，两腿屈膝半蹲；右拳经体侧划弧右摆，架至额前上方，左拳向前、向内划弧下栽于左腿上，拳面向下，拳心向外。目视左侧（图2-3-23）。

图2-3-22　马步反插掌　　　　　　图2-3-23　并步架拳

#### 15. 左退步横勾拳

左脚退步成右弓步，右拳从腰间由外向内横勾，拳眼向内。目视前方（图2-3-24）。

#### 16. 换跳步横勾拳

两腿蹬地，身体微腾空，两腿交换落地成左弓步；左拳从腰间由外向内横勾，拳眼向内。目视前方（图2-3-25）。

图2-3-24　左退步横勾拳　　　　　图2-3-25　换跳步横勾拳

#### 17. 左退步拿肘

左脚退步，右拳变虎爪向前抓出，左拳收于腰间。目视前方（图2-3-26）。

#### 18. 换跳步拿肘

两腿蹬地，身体微腾空，两腿交换落地成左弓步；左拳变虎爪向前抓出，右拳收于腰间。目视前方（图2-3-27）。

图 2-3-26　左退步拿肘

图 2-3-27　换跳步拿肘

19. 马步格挡

右脚上步，身体左转成马步；右拳由外向内格挡，拳面向上。目视格挡方向（图 2-3-28）。

20. 弓步勾挂

身体右转约 90°，左腿伸直成右弓步；左拳变勾手，直臂由身体内侧顺时针向外侧挂出，勾尖向外，右掌立于肩内侧。目视左后方（图 2-3-29）。

动作要点：勾挂要借助拧腰的力量。

图 2-3-28　马步格挡

图 2-3-29　弓步勾挂

21. 绕步换式

（1）上肢不动，重心前移，左脚拔地后踢，经右脚内侧向左前方绕圆上步，脚尖外摆，身体向内倾斜，右肩高于左肩（图 2-3-30 ①②）。

（2）右腿后踢小腿，随即向左前方绕圆上步，右脚内扣成右弓步，身体重心向内倾斜，右肩高于左肩。目视左后方（图 2-3-30 ③）。

图 2-3-30 绕步换式

22. 抢手亮掌

（1）左脚向左前方活步成左弓步，随身体左转左掌向前抢手，右掌变拳抱于腰间（图 2-3-31①）。

（2）右脚上步，右抢手，左拳收于腰间（图 2-3-31②）。

（3）上动不停，身体左转180°成左虚步；两掌随转体上挑，掌心朝外，右掌附于左肘关节内侧。目视前方（图 2-3-31③）。

动作要点：抢手要快而有力，转体要稳。

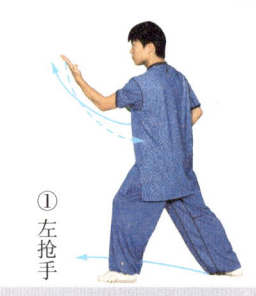  

图 2-3-31 抢手亮掌

23. 进步冲拳

左脚进步成左弓步，右拳从腰间向前冲出。目视前方（图 2-3-32）。

24. 马步反插拳

右脚上步，身体左转成马步；右臂内旋向前下方插拳，左臂附于右肩内侧。目视插拳方向（图 2-3-33）。

25. 退步合掌

图 2-3-32 进步冲拳

重心后移，身体右转，右脚向后退步成左弓步；两手上下相合，掌心相对，右掌在上，左掌在下。目视前方（图2-3-34）。

动作要点：合击要快而有力。

图2-3-33 马步反插拳

图2-3-34 退步合掌

26. 绞手压臂

身体右转成马步，两手合掌绞手；身体右转，左腿蹬直成右弓步，左掌向前下按掌，右掌变拳收抱腰间。目视按掌方向（图2-3-35①②）。

动作要点：绞手要快，与按掌动作连贯。

图2-3-35 绞手压臂

27. 收势

同一段单练套路（图2-3-36①~③）。

图2-3-36 收势

## 三、对打套路

### （一）动作名称

预备式

| | 甲 | 乙 |
|---|---|---|
| 1 | 起势 | 起势 |
| 2 | 右弓步横勾拳（右横扫千军） | 左退步格挡 |
| 3 | 换跳步横勾拳（左横扫千军） | 换跳步格挡 |
| 4 | 右弓步顶肘（碎心肘） | 左退步拿肘（虎爪手） |
| 5 | 换跳步顶肘（碎心肘） | 换跳步拿肘（虎爪手） |
| 6 | 马步格肘（罗汉横摆） | 马步格挡（护心肘） |
| 7 | 弓步勾挂（回头望月） | 弓步勾挂（回头望月） |
| 8 | 绕步换式（磨盘步） | 绕步换式（磨盘步） |
| 9 | 抢手亮掌（小关门） | 抢手亮掌（小关门） |
| 10 | 叼手托臂（天王托塔） | 进步冲拳（扑面捶） |
| 11 | 退步别臂（罗汉伏虎） | 马步反插拳（下阴捶） |
| 12 | 上步穿掌（白蛇吐信） | 退步合掌（怀中抱月） |
| 13 | 马步反插掌（反拨手） | 绞手压臂（勒马势） |
| 14 | 收势 | 收势 |

### （二）动作图解

预备式：同一段对打套路（图 2-3-37 ① ②）。

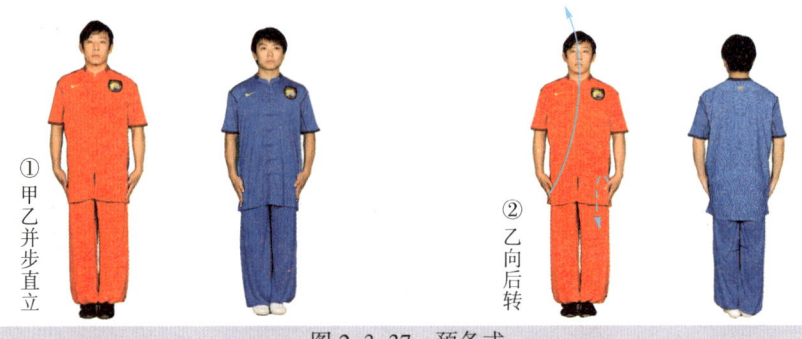

① 甲乙并步直立　　② 乙向后转

图 2-3-37　预备式

1. 甲乙起势

同一段对打套路（图2-3-38）。

2. 甲右弓步横勾拳、乙左退步格挡

甲右脚上步成右弓步，右拳从腰间由外向内向乙头部贯打，拳眼向内，左拳抱于腰间，目视乙方。乙左脚后退成右弓步，右拳从腰间由外向内格挡，拳眼向内，左拳抱于腰间，目视甲方（图2-3-39）。

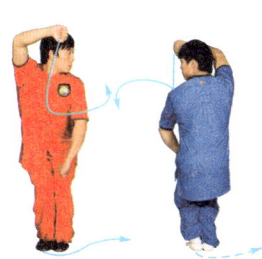

图2-3-38 甲乙束身架拳

图2-3-39 甲右弓步横勾拳、乙左退步格挡

3. 甲换跳步横勾拳、乙换跳步格挡

甲两腿蹬地微腾空，两脚换步落地成左弓步；左手从腰间由外向内贯击乙头部，拳眼向内，右拳抱于腰间，目视乙方。乙身体微腾空，两腿换步落地成右弓步；左手从腰间由外向内格挡，拳眼向内，右拳抱于腰间，目视甲方（图2-3-40）。

4. 甲右弓步顶肘、乙左退步拿肘

甲右脚上步成右弓步，右臂由后向前抡臂下压，右掌变拳，右臂屈肘经体前向乙胸前顶击，左拳变掌置于右拳拳面，目视乙方。乙身体左转，左脚向后退步；右拳成虎爪用力抓握甲右肘，左拳收于腰间，目视甲方（图2-3-41）。

动作要点：乙拿肘要及时、准确。

图2-3-40 甲换跳步横勾拳、乙换跳步格挡

图2-3-41 甲右弓步顶肘、乙左退步拿肘

### 5. 甲换跳步顶肘、乙换跳步拿肘

甲两脚蹬地，身体微腾空，两脚交换成左弓步；左臂由后向前抡臂下压，左掌变拳，左臂屈肘，经体前向乙胸前顶击，右拳变掌置于左拳拳面，目视乙方。乙两脚蹬地，身体微腾空，两脚交换成左弓步；左拳成虎爪抓握甲左肘，右拳收于腰间，目视甲方（图2-3-42）。

图2-3-42　甲换跳步顶肘、乙换跳步拿肘

### 6. 甲乙马步格挡

甲右脚上步，身体左转成马步；右掌变拳，右臂屈肘向乙左臂裹肘，目视乙方。乙身体左闪，右脚上步成马步；右臂由外向内格挡，拳面向上，拳心向内，目视甲方（图2-3-43）。

动作要点：甲裹肘要快而有力，乙格挡及时。

### 7. 甲乙弓步勾挂

甲乙身体右转90°，左腿蹬直成右弓步；左手变勾手，直臂由身体内侧顺时针向身体外侧挂出，勾尖向外，右手成掌立于肩内侧。甲乙目视对方（图2-3-44）。

动作要点：甲乙勾挂要借助身体右转拧腰的力量。

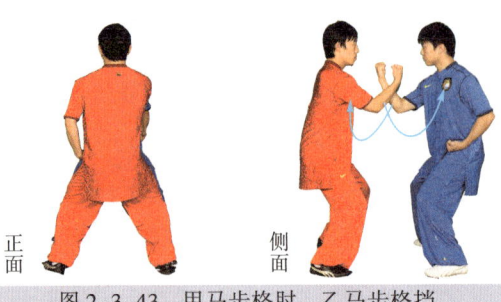

图2-3-43　甲马步格肘、乙马步格挡

图2-3-44　甲乙弓步勾挂

8.甲乙绕步换式

（1）甲乙上肢不动，身体重心移向右腿，左腿屈膝后踢小腿，大小腿折叠，左脚经右脚内侧向左前方绕圆上步，脚尖外摆；身体向内倾斜，右肩高于左肩。甲乙目视对方（图2-3-45①）。

（2）甲乙右腿屈膝后踢小腿，随即向左前方绕圆上步，右脚脚尖内扣成右弓步，身体重心向内倾斜；右肩高于左肩。甲乙目视对方（图2-3-45②）。

动作要点：上步时要绕圆上步，身体向内倾斜，小腿后踢时要放松，力达脚掌。

图2-3-45　甲乙绕步换式

9.甲乙抢手亮掌

（1）甲乙重心后移，左脚尖点地；两掌收至腰间，掌心朝上（图2-3-46①）。

（2）随即甲乙左脚进步，左掌向前抢手。右脚上步，右掌向前抢手（图2-3-46②③）。

（3）甲乙身体左转约90°，双掌随转体挑掌。甲乙目视对方（图2-3-46④）。

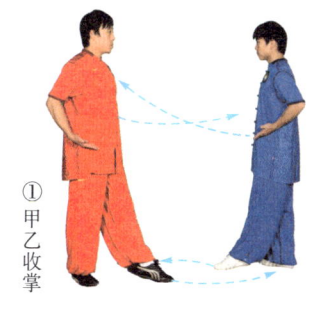 

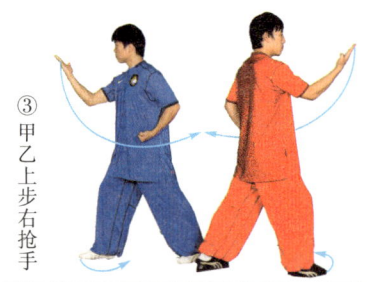

图 2-3-46　甲乙抢手亮掌

10. 乙进步冲拳、甲叼手托臂

乙左脚进步成左弓步，右拳从腰间向甲胸部冲出。甲重心右移，右手扣乙后腕，左手托乙右臂，双手合力屈肘上托乙右臂，目视乙方（图 2-3-47）。

动作要点：甲托臂叼手要快而准。

11. 乙马步反插拳、甲退步别臂

乙右脚上步，身体左转90°成马步；右臂内旋向甲腹部插击。甲迅速向后退步，身体微右转；双手经胸前向右下方拧按乙右臂，目视乙方（图 2-3-48）。

动作要点：乙上步、反插拳要快速协调；甲退步及时，拧按有力。

图 2-3-47　乙进步冲拳、甲叼手托臂　　图 2-3-48　乙马步反插拳、甲退步别臂

12. 甲上步穿掌、乙退步合掌

甲左脚上步成左弓步，右掌从腰间向乙面部插击，左手握拳收于腰间。乙右脚向后退步，身体右转；两手上下相合，接握甲右腕。甲乙目视对方（图 2-3-49）。

动作要点：甲穿掌要快，乙合掌抓握要准确。

13. 甲马步反插掌、乙绞手压臂

甲右脚上步，身体左转，两腿屈蹲成马步；右掌向乙腹部插出，左掌立于右肩前，目视插掌方向。乙双手绞手，向右下方按压，目视甲方（图2-3-50）。

图2-3-49　甲上步穿掌、乙退步合掌

图2-3-50　甲马步反插掌、乙绞手压臂

14. 甲乙收势

同一段对打套路（图2-3-51①~④）。

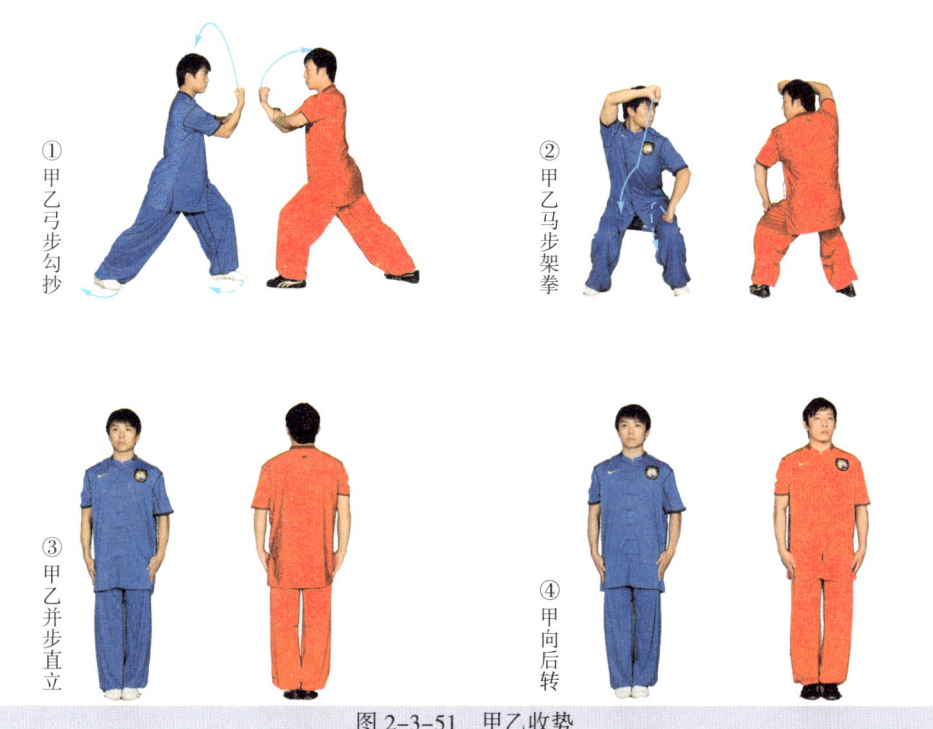

图2-3-51　甲乙收势

## 四、拆招

1. 拿肘别臂拆招

（1）甲乙相向开步直立，相距 1 米左右（图 2-3-52①）。

（2）乙右脚上步，右肘向甲胸部顶击（图 2-3-52②）。

（3）甲右脚迅速后退，闪身；左手上托乙前臂，右手变虎爪，拿握乙右肘，左手别乙右臂（图 2-3-52③④）。

动作要点：甲退步闪身时机要把握好，拿握要准。

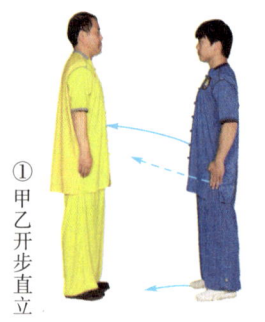
①甲乙开步直立

②乙弓步顶肘

③甲拿肘

④甲别臂

图 2-3-52　拿肘别臂拆招

2.叼腕托肘拿臂拆招

（1）甲乙相向开步直立，相距1米左右（图2-3-53①）。

（2）乙上步冲拳，攻击甲胸腹部（图2-3-53②）。

（3）甲右脚后退，身体右闪；右手叼拿乙右腕，左掌上托甲肘部（图2-3-53③④）。

（4）甲两臂内旋拿乙右臂（图2-3-53⑤）。

动作要点：甲要借转体之势叼拿乙手腕和肘关节。

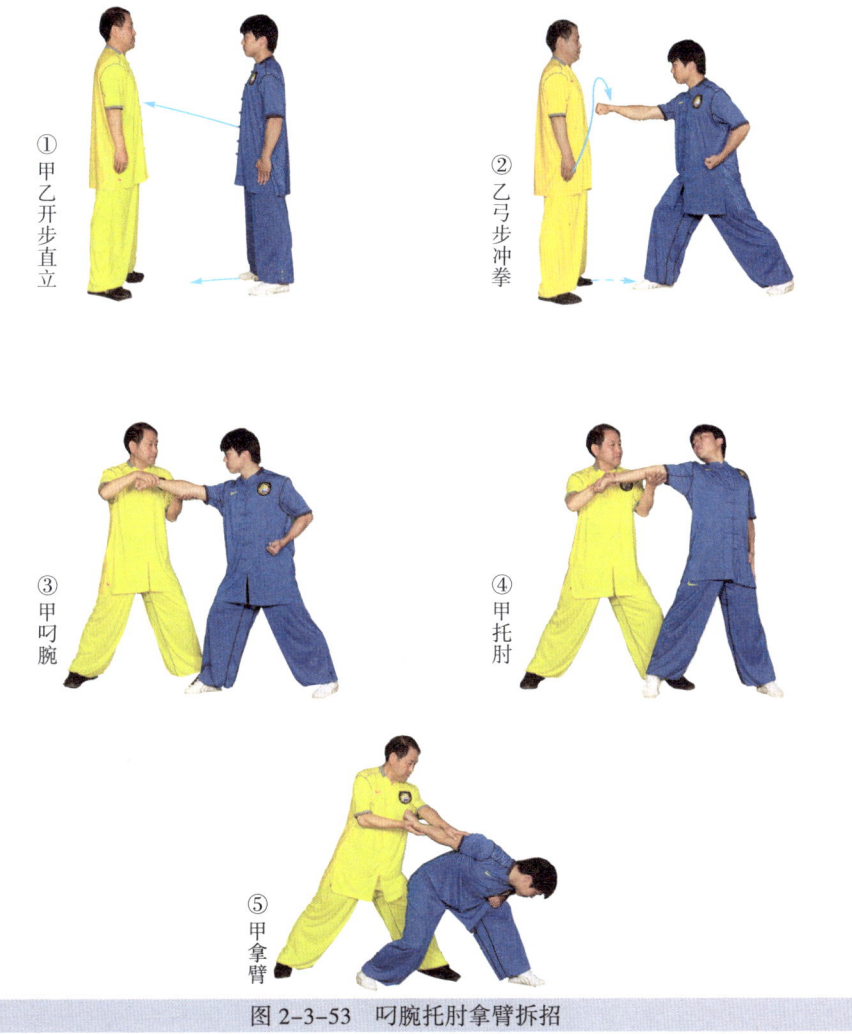

图2-3-53 叼腕托肘拿臂拆招

## 3. 拿腕压肘拆招

（1）甲乙相向开步直立，相距1米左右（图2-3-54①）。

（2）乙右脚上步，右掌插甲颈部（图2-3-54②）。

（3）甲迅速上步侧闪，两掌合掌，右掌在上，双手扣压乙右腕（图2-3-54③）。

（4）甲身体右转，两掌顺时针旋转向右下方回带乙右臂，右掌拿扣乙右腕，左掌别压乙右肘关节（图2-3-54④）。

动作要点：甲合掌扣压要把握好时机，扣压要紧，旋压要快。

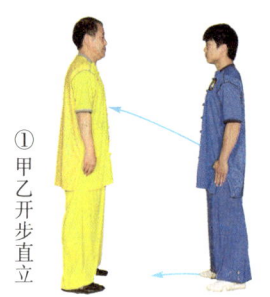
① 甲乙开步直立

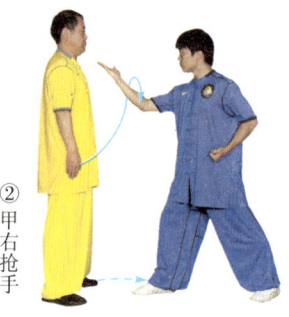
② 甲右抢手

③ 乙合掌

④ 甲拿腕压肘

图2-3-54　拿腕压肘拆招

# 第四节 少林拳四段技术图解

## 一、基本形态

1. 腿法

（1）里合腿：右脚由外经面前向内、向下扣压，左手与脚掌在面前相击（图2-4-1①～③）。

动作要点：右脚摆至前快速扣压。

图2-4-1 里合腿

（2）二起脚：左腿屈膝上抬，右腿蹬地腾空，右脚在空中快速向前弹出，右掌拍击右脚面（图2-4-2①～④）。

动作要点：弹击有力，拍击时脚面绷直。

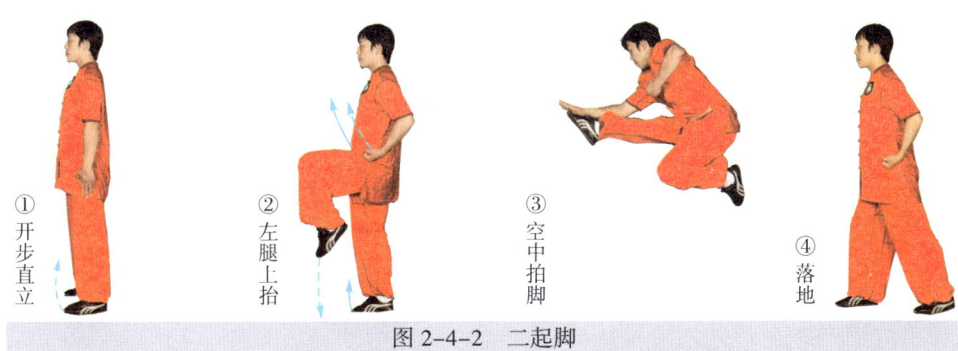

图2-4-2 二起脚

2.靠法

(1)马步靠:左臂屈肘上抬,右手外旋向下,双手经体前交叉后,左手立肘靠打于身体左侧,拳心向内,右手内旋于右胯旁,拳背向前,拳面向下。目视左侧(图2-4-3①②)。

动作要点:靠打时力发于腰,达于左肩背。

图2-4-3 马步靠

(2)贴身靠:右脚向右侧上步;两臂胸前交叉,双脚上登地,身体右转,腰部突然发力,右臂屈肘外摆,左臂直臂下打(图2-4-4①~③)。

动作要点:贴身靠打力发于腰,弓步蹬地力达右肩背。

图2-4-4 贴身靠

## 二、单练套路

### （一）动作名称

| 预备式 | | | | | |
|---|---|---|---|---|---|
| 第一小节 | | | | | |
| 1 | 起势 | 2 | 搂手并步冲拳（顶心标拳） | 3 | 虚步架拳（打虎靠山） |
| 4 | 进步推掌（推山掌） | 5 | 里合拍脚（里合脚） | 6 | 马步靠（马步靠山） |
| 7 | 右弓步冲拳（猛虎出洞） | 8 | 马步格挡（护心肘） | 9 | 挂臂勾踢（拂袖起腿） |
| 10 | 马步扳拳（弥勒拂袖） | | | | |
| 第二小节 | | | | | |
| 11 | 挑手分掌（童子挑灯） | 12 | 左弓步击掌（追风相连） | 13 | 转身合肘（双关门） |
| 14 | 右弹踢拍脚（右採脚） | 15 | 左弹踢拍脚（左採脚） | 16 | 腾空二起脚（钻天炮） |
| 17 | 左右贴靠（卧枕） | | | | |
| 第三小节 | | | | | |
| 18 | 并步架拳（束身坐山） | 19 | 虚步下按掌（勒马势） | 20 | 左弓步冲拳（猛虎出洞） |
| 21 | 左弓步推掌（罗汉望仙） | 22 | 并步勾挂（束身观望） | 23 | 弓步斜拉（回头望月） |
| 24 | 马步架格（护心肘） | 25 | 左弓步冲拳（猛虎出洞） | 26 | 提膝拉手（提腿躲闪） |
| 27 | 马步扳拳（弥勒拂袖） | | | | |
| 第四小节 | | | | | |
| 28 | 退步分掌（拨云见日） | 29 | 虚步亮掌（仙童放帘） | 30 | 转身合肘（双关门） |
| 31 | 退步右按掌（仙童让位） | 32 | 退步左按掌（仙童让位） | 33 | 换步双按掌（双按掌） |
| 34 | 左右贴靠（贴身靠） | 35 | 收势 | | |

### （二）动作图解

预备式：同一段单练套路（图 2-4-5）。

## 1. 起势

同一段单练套路（图 2-4-6）。

图 2-4-5　并步直立

图 2-4-6　束身架拳

## 2. 搂手并步冲拳

（1）左脚向左侧横跨，左拳变掌，虎口向外，随体转向左侧搂手（图 2-4-7①）。

（2）左掌变拳收抱腰间，身体左转约 90°，右脚并步震脚，右拳从腰间内旋冲出，拳心向下，力达拳面，目视前方（图 2-4-7②）。

① 上步搂手　　② 并步冲拳
图 2-4-7　搂手并步冲拳

## 3. 虚步架拳

右脚后退，重心后移成左虚步；右拳随身体右转屈臂摆至头顶上方，左手握拳从腰间随身体右转向左、向上、向内划弧经体前下栽于左腿上。目视前方（图 2-4-8）。

## 4. 进步推掌

左腿进步成左弓步，左拳变掌经右前臂内侧向前推击，右拳变掌下按后由前向后挂钩至右臀侧。目视前方（图2-4-9）。

动作要点：推掌要蹬脚转腰抖肩，迅猛发力，臂微屈。

图2-4-8　虚步架拳

图2-4-9　进步推掌

5. 里合拍脚

重心前移，身体左转，左腿支撑，右脚里合；左手拍击右脚掌（图2-4-10）。

动作要点：里合击响，快速有力。

6. 马步靠

右脚落地后，左脚向左横跨一步成马步；左手屈肘抬臂向上、向外立肘靠打于身体左侧，拳眼向外；右拳下栽于右胯旁，拳心向外。目视前方（图2-4-11①②）。

动作要求：右脚落地后，左脚顺势向左挪步，靠打有力。

图2-4-10　里合拍脚

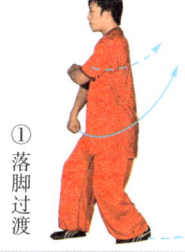

图2-4-11　马步靠

7. 右弓步冲拳

身体左转90°，右脚上步成右弓步；右拳从腰间向前冲出，左手握拳收于腰间，同时发"哈"声。目视前方（图2-4-12）。

动作要求：右臂微屈，冲拳力达拳面。

## 8. 马步格挡

右脚向后退步，身体左转成马步；左拳向左经腹前向上、向左格肘，拳心向内，右手握拳收于腰间。目视左拳方向（图 2-4-13）。

动作要点：格肘时，借腰转螺旋发力，幅度要小，发力短促。

图 2-4-12　右弓步冲拳

图 2-4-13　马步格挡

## 9. 挂臂勾踢

左脚尖外展，身体左转；左拳经体前下挂，右脚勾起向右侧勾踢，力达脚踝内侧；右拳向上经体前左摆。目视右前方（图 2-4-14）。

动作要点：挂拳与勾踢动作同时完成，右腿勾踢快速有力。

## 10. 马步扳拳

身体左转，右脚前落成马步；右拳经腹前屈肘向上、向外扳打，同时发"哈"声，左手顺势握拳收于腰间。目视右拳（图 2-4-15）。

动作要点：右手扳拳力达拳背和前臂外侧。

图 2-4-14　挂臂勾踢

图 2-4-15　马步扳拳

## 11. 挑手分掌

左手由拳变插掌，挑于右掌根部；左腿上提，两掌向上挑起，在额前上方分掌。眼随手走（图 2-4-16①②）。

动作要点：上挑、外分要快速连贯。

12. 左弓步击掌

左脚前落成左弓步，右掌经腰间向前推出，左掌变拳收于腰间。目视前方（图 2-4-17）。

动作要点：右掌前推要顺畅，力达掌跟。

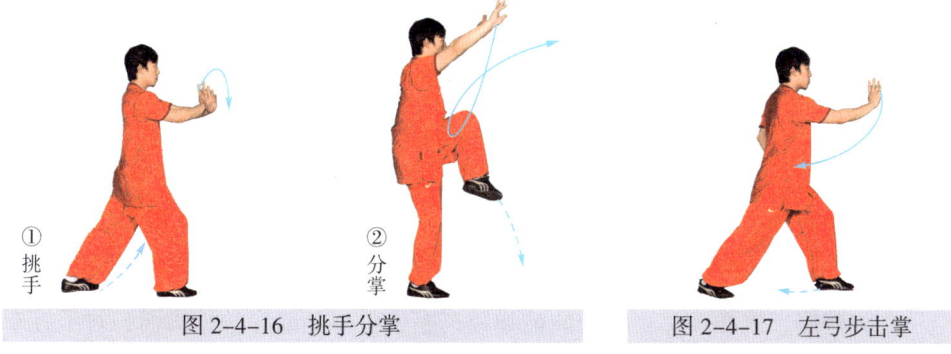

图 2-4-16　挑手分掌　　　　　　图 2-4-17　左弓步击掌

13. 转身合肘

（1）重心后移，左脚收半步，脚尖点地；右掌收抱于腰间。目视前方（图 2-4-18①）。

（2）左腿前落成左弓步，左掌由腰间屈肘前穿，掌心向上，指尖向前，右掌收于腰间。目视前方（图 2-4-18②）。

（3）右脚上步成右弓步，右臂屈肘向前穿掌，左手顺势下收于体侧（图 2-4-18③）。

（4）身体左转90°，左脚点地成高虚步；两手握拳，两臂屈肘上挑，右拳置于左肘内侧（图 2-4-18④）。

动作要点：穿掌有力，上步、转身连贯顺畅。

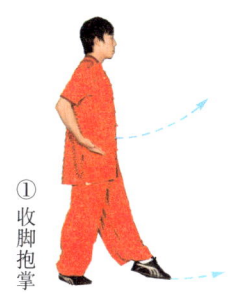

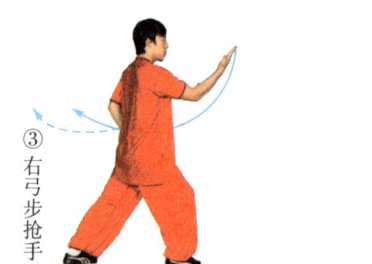

图 2-4-18 转身合肘

14. 右弹踢拍脚

重心前移,左腿支撑,右腿向上弹踢;右手由腰间前穿拍打脚面,左手握拳收于腰间。目视前方(图 2-4-19)。

动作要点:上体保持正直,弹踢高与腰平,拍腿干脆。

15. 左弹踢拍脚

右脚落地,重心前移,左腿向前弹踢;左手由腰间前穿拍打脚面,右手握拳收于腰间。目视前方(图 2-4-20)。

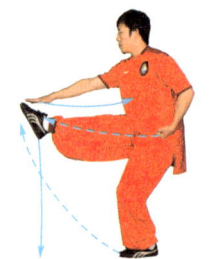 

图 2-4-19 右弹踢拍脚　　　　图 2-4-20 左弹踢拍脚

16. 腾空二起脚

右腿蹬地,左脚下落,同时右脚快速在空中弹踢,右手击拍右脚面(图 2-4-21①②)。

动作要点:蹬地有力,两腿在空中交换要快,右腿弹击有力。

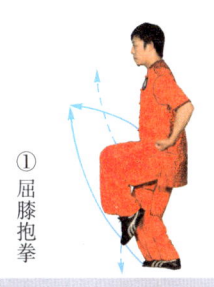

图 2-4-21　腾空二起脚

17. 左右贴靠

（1）两脚落地成马步，两臂经体前交叉抡臂划圆，右臂屈肘贴靠于体前，拳心向内，力达前臂外侧；左臂内旋，左拳垂直下栽于身体左侧，拳心斜向外（图2-4-22①②）。

（2）身体右转，换步小跳起，左脚前落成左弓步，两臂经体前交叉抡臂划圆；左臂屈肘，拳贴靠于体前，拳心向内，力达左前臂外侧；右拳垂直下栽于身体右侧，拳心斜向外，目视前方（图2-4-22③④）。

动作要点：两臂抡劈要协调，贴靠借助拧腰和弓步后腿蹬伸发力。

图 2-4-22　左右贴靠

### 18. 并步架拳

身体右转 90°，左脚向右脚并拢，两腿屈膝半蹲；右拳随身体转动向额前上方上架，左臂屈肘，握拳下栽于左膝上方，拳面向下，拳心向后。目视左方（图 2-4-23）。

### 19. 虚步下按掌

身体左转，左腿后退，右脚尖点地成右高虚步；右手由拳变掌下按，左手握拳收于腰间。目视右前方（图 2-4-24）。

图 2-4-23　并步架拳

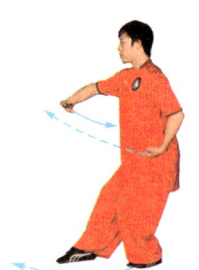
图 2-4-24　虚步下按掌

### 20. 左弓步冲拳

左腿上步成左弓步，左拳从腰间向前冲出，右掌变拳收于腰间。目视前方（图 2-4-25）。

### 21. 左弓步推掌

左拳变勾向后勾挂，右拳变掌，从腰间前架推。目视右掌方向（图 2-4-26）。
动作要点：右臂借推掌反弹力微屈，握掌力达掌根。

图 2-4-25　左弓步冲拳

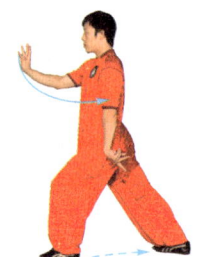
图 2-4-26　左弓步推掌

22. 并步勾挂

左脚向右脚并拢,身体右转 90°;左勾手由左向上经右肩外侧、体前向身体左侧挂勾,右掌立于左肩前。目视左侧(图 2-4-27)。

动作要点:收脚要快而稳,缩身迅速而紧凑。

图 2-4-27 并步勾挂

23. 弓步斜拉

右腿向右侧开步成右弓步,两手成掌体前交叉,左上右下,两掌心相对。随后两掌拉开,右臂屈肘抬于右肩前,拇指向下,掌心斜向外;左手经体前向下、内旋置于左臀外侧,掌心斜向上。目视左后方(图 2-4-28)。

图 2-4-28 弓步斜拉

24. 马步架格

身体左转 180°,左脚退步成马步;右掌变拳,右臂屈肘抬臂格挡于右胸前,左掌变拳收于腰间。目视格挡方向(图 2-4-29)。

动作要点:右臂旋转向内格挡。

25. 左弓步冲拳

身体右转 90°,左脚上步成左弓步;左拳从腰间向前冲出,右拳收抱腰间。目视前方(图 2-4-30)。

图 2-4-29　马步架格

图 2-4-30　左弓步冲拳

26. 提膝拉手

重心后移，左腿提膝；左拳顺势微回拉，右拳抱于腰间。目视前方（图 2-4-31）。

动作要点：重心后移要快，提膝独立要稳定。

27. 马步扳拳

身体左转，左脚后落成马步；左拳经胸腹前收回腰间，右拳经左臂外侧外旋向右上方扳打，拳与耳平。目视右方（图 2-4-32）。

动作要点：扳拳力达拳背和前臂外侧。

图 2-4-31　提膝拉手

图 2-4-32　马步扳拳

28. 退步分掌

身体右转，右脚后退，两掌托至胸前外旋分掌，掌心向上、向外。目视分掌方向（图 2-4-33）。

29. 虚步亮掌

右脚后撤成左虚步，双掌屈肘前推，目视前方（图 2-4-34）。

图 2-4-33　退步分掌

图 2-4-34　虚步亮掌

30. 转身合肘

（1）重心后移，左脚收半步，脚尖点地；两拳外分，收抱腰间。目视前方（图 2-4-35①）。

（2）左腿前落成左弓步，左臂由腰间屈肘前穿，掌心向上，指尖向前，右掌收于腰间。目视前方（图 2-4-35②）。

（3）右脚上步成右弓步，右臂屈肘向前穿掌，左掌顺势收于腰侧（图 2-4-35③）。

（4）身体右转 90°，左脚点地成虚步；两手握拳，两臂屈肘挑推，右拳置于左肘关节内侧（图 2-4-35④）。

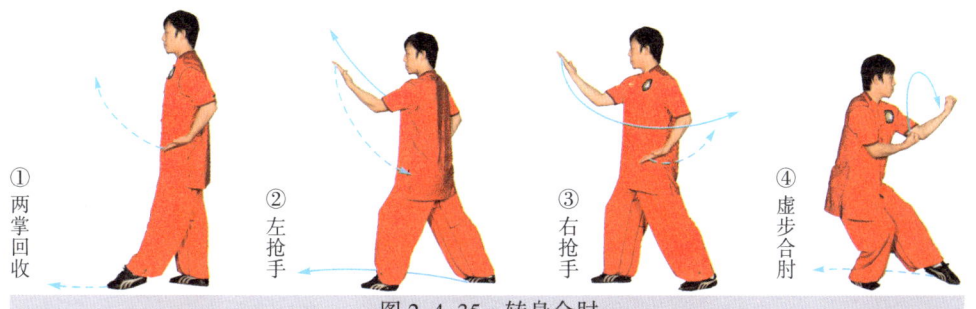
图 2-4-35　转身合肘

31. 退步右按掌

左脚退步，右手后绕经体前向下按掌，左掌收于腰间。目视前方（图 2-4-36）。

动作要点：退步与按掌同时完成，臂微屈，按掌有力，力达掌根。

32. 退步左按掌

右脚退步，左手后绕经体前向下按掌，右掌变拳收于腰间。目视前方（图2-4-37）。

33. 换步双按掌

双脚蹬地做，小跳步，左脚后退成高虚步，两掌由下至上经外侧按至腹前。目视前方（图2-4-38）。

动作要点：屈臂下按。

图2-4-36 退步右按掌　　图2-4-37 退步左按掌　　图2-4-38 换步双按掌

34. 左右贴靠

（1）右脚进步成右弓步，两臂经体前交叉抡臂划圆。右臂屈肘上抬，拳贴靠于右胸前，拳心向内；左臂内旋向下，左拳下栽于左臀侧，拳心向内（图2-4-39①②）。

（2）身体右转，换步小跳起，左脚前落成左弓步，两臂经体前交叉抡臂划圈。左臂屈肘上抬，拳贴靠于左胸前，拳心向内；右拳下栽于右臀侧，拳心向内。目视右后方（图2-4-39③④）。

动作要点：贴靠力达肩背，手臂紧贴躯干。

图2-4-39 左右贴靠

35. 收势

同一段单练套路（图2-4-40①~③）。

① 弓步勾抄　　② 马步架拳　　③ 并步直立

图2-4-40　收势

## 三、对打套路

### （一）动作名称

| | 预备式 | |
|---|---|---|
| | 甲 | 乙 |
| | 第一小节 | |
| 1 | 起势 | 起势 |
| 2 | 搂手并步冲拳（顶心标拳） | 虚步下按掌（勒马势） |
| 3 | 虚步架拳（打虎靠山） | 左弓步冲拳（猛虎出洞） |
| 4 | 进步推掌（推山掌） | 左弓步推掌（罗汉望仙） |
| 5 | 里合拍脚（里合脚） | 并步勾挂（束身观望） |
| 6 | 马步靠（马步靠山） | 弓步斜拉（回头望月） |
| 7 | 右弓步冲拳（猛虎出洞） | 马步架格（护心肘） |
| 8 | 马步格挡（护心肘） | 左弓步冲拳（猛虎出洞） |
| 9 | 挂臂勾踢（拂袖起腿） | 提膝拉手（提腿躲闪） |
| 10 | 马步扳拳（弥勒拂袖） | 马步扳拳（弥勒拂袖） |

| | 第二小节 | |
|---|---|---|
| 11 | 挑手分掌（童子挑灯） | 退步分掌（仙童放帘） |
| 12 | 左弓步击掌（追风相连） | 虚步亮掌（拨云见日） |
| 13 | 转身合肘（双关门） | 转身合肘（双关门） |
| 14 | 右弹踢拍脚（右採脚） | 退步右按掌（仙童让位） |
| 15 | 左弹踢拍脚（左採脚） | 退步左按掌（仙童让位） |
| 16 | 腾空二起脚（钻天炮） | 换步双按掌（双按掌） |
| 17 | 左右贴靠（卧枕） | 左右贴靠（贴靠） |
| 18 | 收势 | 收势 |

（二）动作图解

预备式：同一段对打套路（图2-4-41①②）。

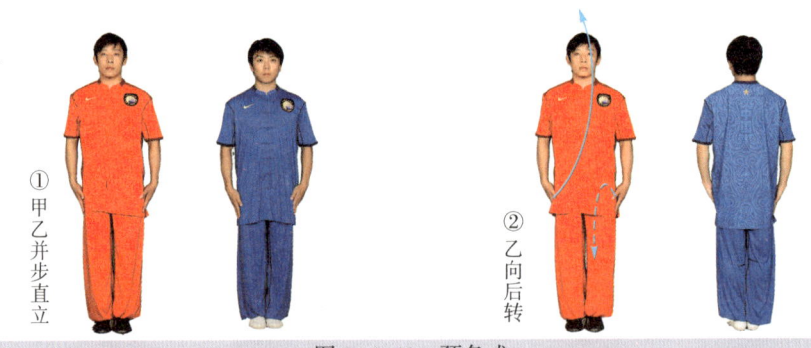

① 甲乙并步直立　　② 乙向后转

图2-4-41　预备式

1. 甲乙起势

同一段对打套路（图2-4-42）。

2. 甲搂手并步冲拳、乙虚步下按掌

甲左脚向左侧横跨，身体左转，右脚并步震脚；左拳变掌，五指撑开，虎口向外，随体转向左侧搂手，顺势变拳收抱腰间，右拳向乙冲出。乙身体左转，左腿后退，右脚尖点地成右高虚步；右手由拳变掌下按，左手握拳收于腰间。甲乙目视对方（图2-4-43）。

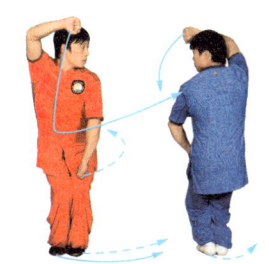
图2-4-42 甲乙束身架拳

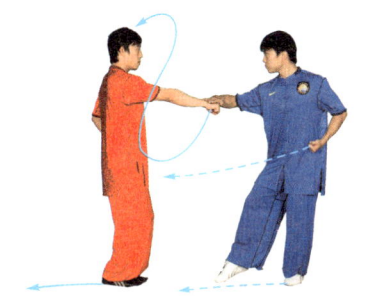
图2-4-43 甲搂手并步冲拳、乙虚步下按掌

3. 乙左弓步冲拳、甲虚步架拳

乙左腿上步成左弓步，左拳从腰间向甲冲出，右掌变拳收于腰间。甲右脚后退成左虚步，随身体右转右臂屈臂摆至额前上方，左手握拳从腰间向左、向上、向内划弧经体前下栽于左腿上。甲乙目视对方（图2-4-44）。

4. 甲进步推掌、乙左弓步推掌

甲左脚进步，左拳变掌推向乙，右拳变勾手向后勾挂。乙右拳变掌格挡甲掌，左拳变勾手向后勾挂。甲乙目视对方（图2-4-45）。

动作要点：甲进步与推掌同时完成，乙格挡时机准确。

图2-4-44 乙左弓步冲拳、甲虚步架拳

图2-4-45 甲进步推掌、乙左弓步推掌

5. 甲里合拍脚、乙并步勾挂

甲重心前移，抬右腿里合，攻击乙头部；左手拍击右脚底。乙身体右转90°，随即俯身，左脚向右脚并拢；左拳变掌由左向上经右肩外侧于胸前，变勾手向身体左侧勾挂，右掌立于左肩前，目视甲方（图2-4-46①②）。

动作要点：甲里合腿向上击打头部，乙俯身时机恰当。

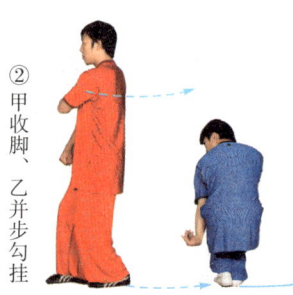

图 2-4-46　甲里合拍脚、乙并步勾挂

6. 甲马步靠、乙弓步斜拉

甲右脚落地，左脚向左挪一步成马步，两手握拳在腹前交叉；随后左臂屈肘抬臂向上、向外立肘靠打于身体左侧，拳眼向外；右拳交叉后下栽于右胯旁，拳心向外，目视乙方。乙向右小跳，右脚退步成右弓步；两手变掌经体前交叉，左掌在上，右掌在下；两掌拉开，右臂屈肘抬臂略高于肩，掌心向外；左手经体前向下，内旋于左胯旁，掌心向外，目视左后方（图 2-4-47）。

动作要点：甲靠打要有力度，乙右脚退步要及时。

7. 甲右弓步冲拳、乙马步架格

甲身体左转 90°，右脚上步成右弓步；右拳从腰间向前冲出，左拳收于腰间，目视前方。乙身体左转 180°，左脚退步成马步，右臂屈肘抬臂架格，左拳收于腰间，目视格挡方向（图 2-4-48）。

图 2-4-47　甲马步靠、乙弓步斜拉　　　　图 2-4-48　甲右弓步冲拳、乙马步架格

8. 乙左弓步冲拳、甲马步格挡

乙身体右转，左脚上步成左弓步；左拳前冲，右拳收抱腰间，目视甲方。甲右脚后退，身体左转成马步；左拳向左经腹前向上、向左格肘，拳心向内，右拳

收于腰间，目视乙方（图2-4-49）。

动作要点：乙冲拳时，甲看准时机格挡，同步完成。

9. 甲挂臂勾踢、乙提膝拉手

甲身体左转约180°，左拳内旋向下挂勾乙左拳，同时右脚顺势抬起向右勾踢乙左腿，力达脚踝内侧。乙重心后移，左腿提膝，左拳顺势微回拉，右拳抱于腰间。甲乙目视对方（图2-4-50）。

动作要点：甲方勾踢要迅速有力，乙方提膝迅速。

图2-4-49　乙左弓步冲拳、甲马步格挡

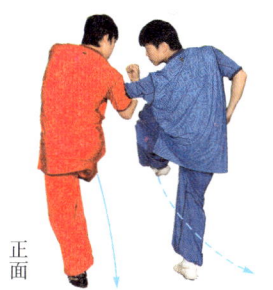
正面

背面

图2-4-50　甲挂臂勾踢、乙提膝拉手

10. 乙马步扳拳、甲马步扳拳

乙身体左转，左脚后落成马步，左拳经胸腹前收回腰间，右拳经左臂外侧外旋，向右上方扳打甲右前臂，目视甲方。甲身体左转，右脚前落成马步，右拳经腹前屈肘向上、向外扳打，左手顺势收于腰间，目视乙方（图2-4-51）。

动作要点：甲乙扳拳力达上臂外侧。

图2-4-51　乙马步扳拳、甲马步扳拳

## 11. 甲挑手分掌、乙退步分掌

甲左手由拳变掌插挑右掌根部,重心后移,左腿上提,同时两掌向上挑乙双掌。乙右脚后退,两掌顺势上分,目视甲方(图2-4-52①②)。

动作要点:甲上挑准确,乙顺势分掌。

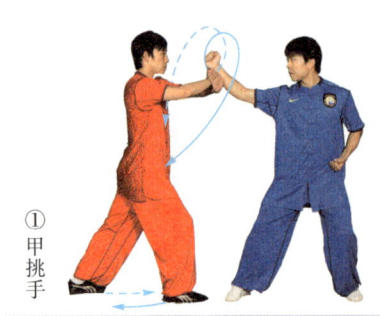
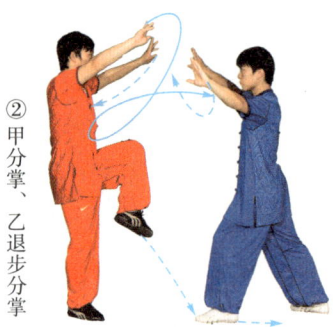

图2-4-52　甲挑手分掌、乙退步分掌

## 12. 甲左弓步击掌、乙虚步亮掌

甲左脚前落成左弓步,右掌经腰间向乙胸部推击。乙重心后移成左虚步,两臂屈肘,两掌经腰间前推,左臂外格甲臂,右掌落于左肘关节侧。甲乙目视对方(图2-4-53)。

动作要点:乙外格有力。

图2-4-53　甲左弓步击掌、乙虚步亮掌

## 13. 甲乙转身合肘

(1)甲乙左脚进步,左掌前穿,右掌收于腰间。甲乙目视前方(图2-4-54①②)。

(2)甲乙右脚上步,右掌前穿,左掌收于腰间(图2-4-54③)。

（3）甲乙身体左转，双手握拳由下至上撩于体前，右拳置于左肘关节内侧。甲乙目视前方（图2-4-54④）。

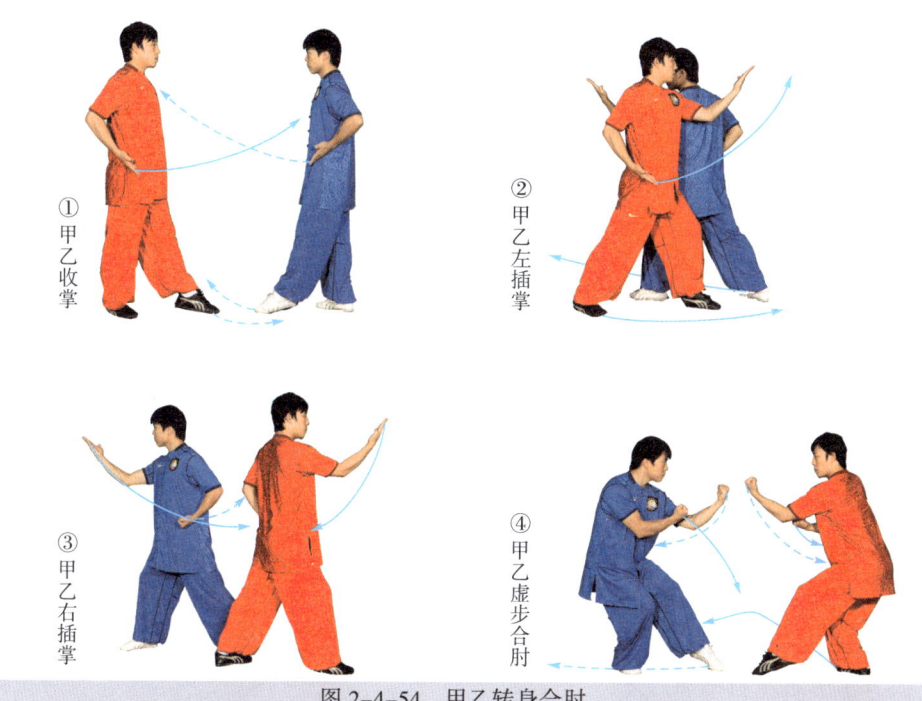

图2-4-54　甲乙转身合肘

14. 甲右弹踢拍脚、乙退步右按掌

甲重心前移，右腿向乙裆部弹踢；两拳收于腰间，目视乙方。乙左脚退步，右手下按甲脚面，左掌收于腰间，目视按掌方向（图2-4-55）。

动作要点：甲弹踢高不过腰，力达脚尖。

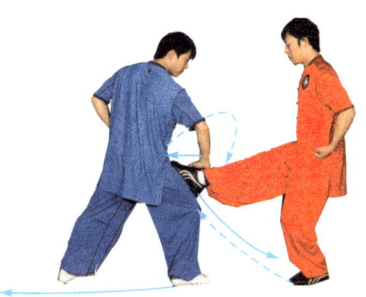

图2-4-55　甲右弹踢拍脚、乙退步右按掌

15. 甲左弹踢拍脚、乙退步左按掌

甲重心前移，右脚前落，左腿向乙裆部弹踢；两拳收于腰间，目视乙方。乙右脚退步，左手下按甲脚面，右掌变拳收于腰间，目视按掌方向（图2-4-56）。

16. 甲腾空二起脚、乙换步双按掌

甲右腿蹬地，左脚下落，同时右脚快速在空中弹踢；双手握拳抱于腰间；目视乙方。乙小跳步，左脚后退，两掌由下至上绕外侧下按甲右脚面，目视按掌方向（图2-4-57）。

动作要点：甲蹬地有力，两腿在空中交换要快，乙换步下按要及时。

图2-4-56 甲左弹踢拍脚、乙退步左按掌

图2-4-57 甲腾空二起脚、乙换步双按掌

17. 甲乙左右贴靠

（1）甲乙右脚上半步成右弓步，两臂经体前交叉抡臂划圆，右臂向斜上方、左臂向斜下方伸展，贴身靠于对方背部，力达右肩背。甲乙目视左后方（图2-4-58①②）。

（2）甲乙右脚微回收后换步小跳起，左脚前落成左弓步；两臂经体前交叉于合臂，随后左臂向斜上方、右臂向斜下方伸展，贴靠于对方背部，力达左肩背。甲乙目视右后方（图2-4-58③④）。

动作要点：甲乙双方背贴靠要力度适中。

① 甲乙合臂

② 甲乙右贴靠

图 2-4-58 甲乙左右贴靠

## 18. 甲乙收势

同一段对打套路（图 2-4-59①~④）。

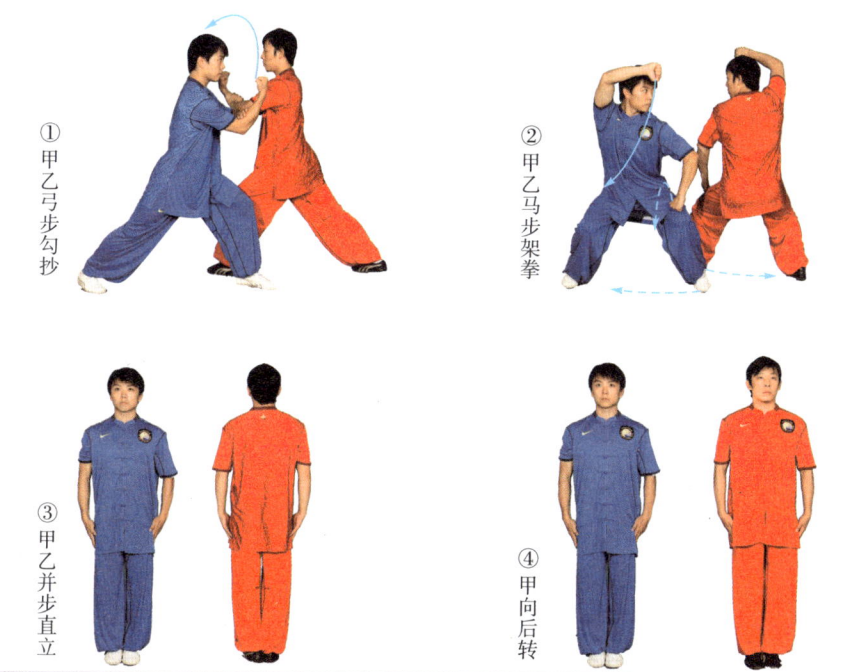

图 2-4-59 甲乙收势

## 四、拆招

### 1. 弓步靠打拆招

（1）甲乙相向开步直立，两人相距 1 米左右（图 2-4-60①）。

（2）乙左脚上步，右劈拳向甲面门击打（图2-4-60②）。

（3）甲左手拨乙拳，同时扣压乙左腕（图2-4-60③）。

（4）甲右腿上步置于乙左腿后，同时身体左转，右臂向前下劈击乙右臂（图2-4-60④）。

（5）甲重心右移成右弓步，右臂随转体向乙颈部摆击，同时身体向乙靠挤（图2-4-60⑤）。

动作要点：甲右腿别在乙腿后面，左手固定乙左臂，靠击有力。

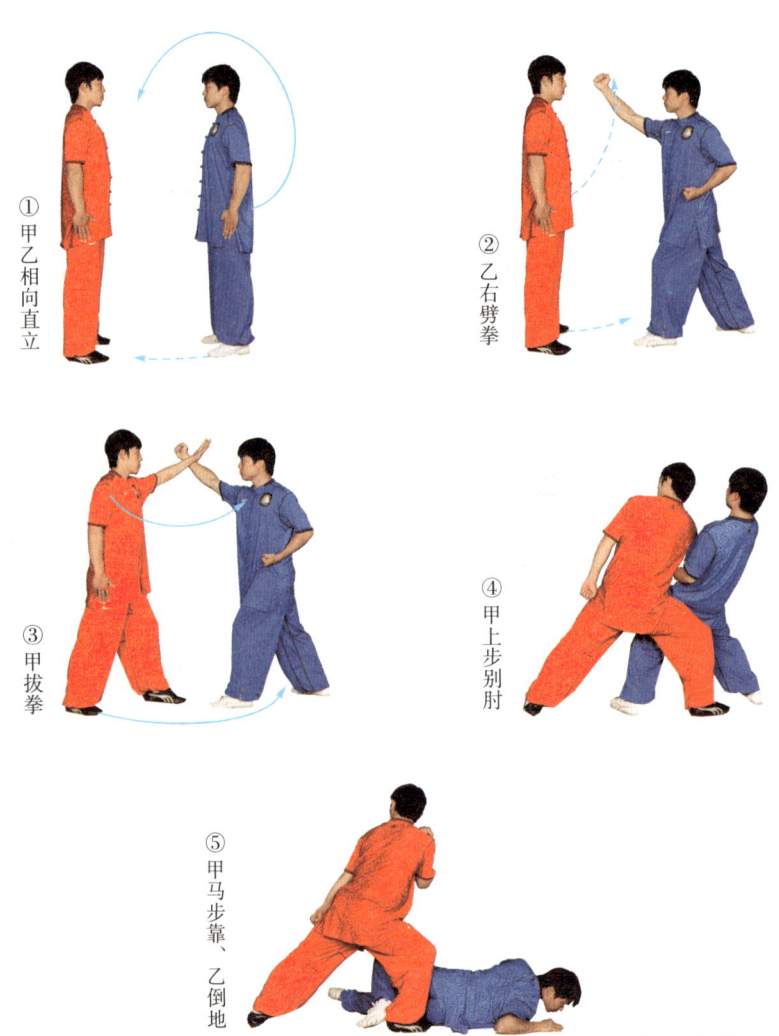

图2-4-60　弓步靠打拆招

2. 马步靠打拆招

（1）甲乙相向开步直立，两人相距1米左右（图2-4-61①）。

（2）甲右冲拳击打乙胸部（图2-4-61②）。

（3）乙身体右闪，右脚后退一步；左手拿甲右肘关节，右手拿甲右腕，向双臂内旋乙右臂（图2-4-61③④）。

（4）甲右臂屈肘内旋，顺势挣脱乙叼拿。迅速转身，左脚向乙身后跨步，左臂抡摆，身体向乙靠击（图2-4-61⑤⑥）。

动作要点：靠击有力，力达左肩背，时机要把握好。

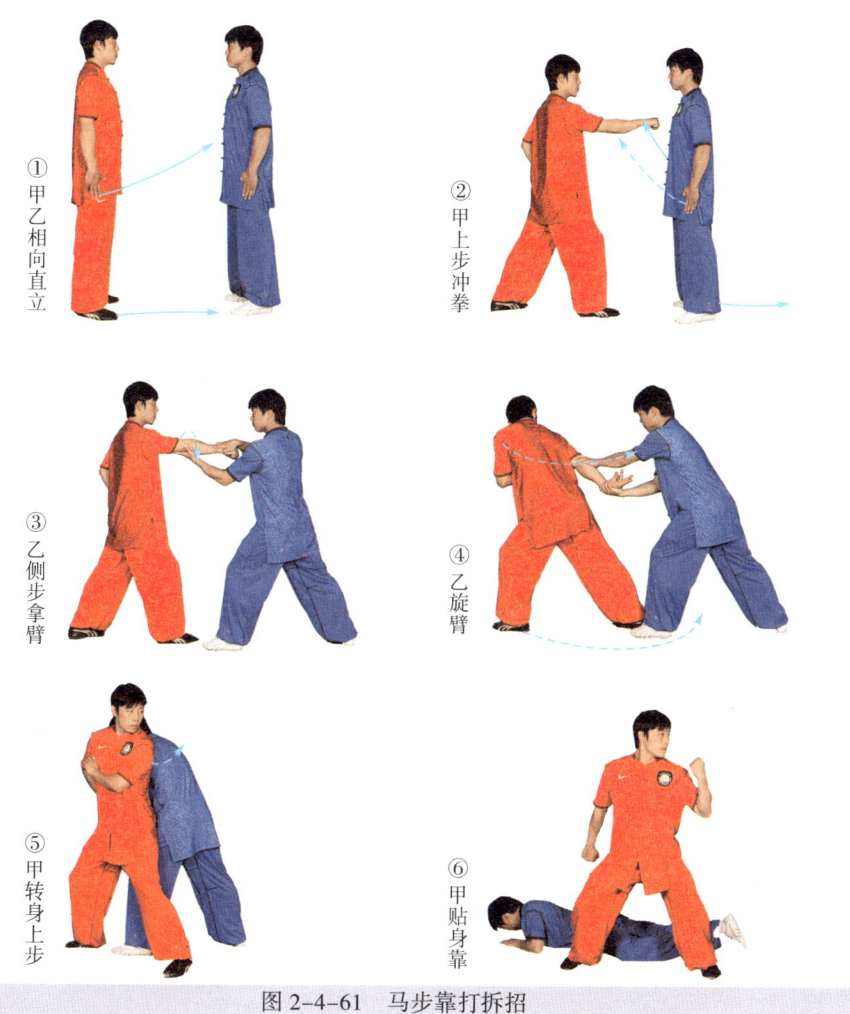

① 甲乙相向直立
② 甲上步冲拳
③ 乙侧步拿臂
④ 乙旋臂
⑤ 甲转身上步
⑥ 甲贴身靠

图2-4-61　马步靠打拆招

## 第五节 | 少林拳五段技术图解

### 一、基本形态

1. 手法

（1）劈拳：左脚上步成左弓步，右拳从腰间经右肩外侧由上向下、向前用力劈击，力达拳轮（图2-5-1①②）。

动作要点：将臂抡圆后向下劈拳。

① 并步架栽拳

② 右劈拳

图 2-5-1　劈拳

（2）摆拳（以转身后摆拳为例）：左脚向后退步，身体左转；同时左臂向左横摆，力达拳背（图2-5-2①②）。

动作要点：转身要快且稳。

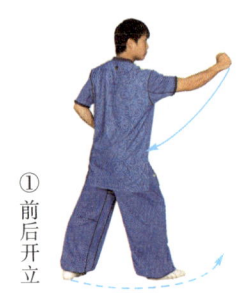
① 前后开立

② 退左脚

③ 左摆拳

图 2-5-2　摆拳

（3）扳手：一手由前下压，另一手由胸前向前弹出，力达掌背（图2-5-3①~③）。

动作要点：两臂在胸前交叉，手掌放松，借助速度向前弹击。

图2-5-3　扳手

2.腿法

（1）勾挂腿：一腿上步下蹲支撑，另一腿屈膝向斜前方勾踢，脚掌外翻，脚尖斜向上（图2-5-4①~③）。

动作要点：勾挂时拧腰转体，脚掌贴地而起，支撑腿弯曲。

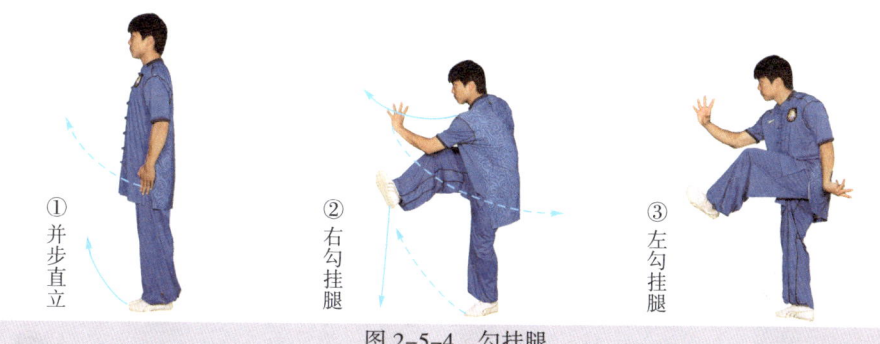

图2-5-4　勾挂腿

（2）截腿：一腿屈膝，另一腿由屈到伸，向前下方截击，膝关节、脚尖外展，力达脚底（图2-5-5①②）。

①双格拳　②截腿砍掌

图 2-5-5　截腿

### 3. 摔法

（1）勾踢别臂摔（以右勾踢别臂摔为例）：左脚上步，身体左转；右臂屈肘，经下向身体右侧勾抄。同时，右腿屈膝，右脚勾脚擦地向前勾踢，高不过膝（图 2-5-6①~③）。

动作要点：勾踢、别臂两动合一。

①并步直立　②左脚上步　③右勾踢别臂

图 2-5-6　勾踢别臂摔

（2）别腿摔：左脚上步，左手向前叼手。身体左转，右脚上步后撑打腿成左弓步；同时右拳变掌向前下方按推，力达掌根（图 2-5-7①~③）。

动作要点：拧腰发力，上步别腿与按推掌要同时完成。

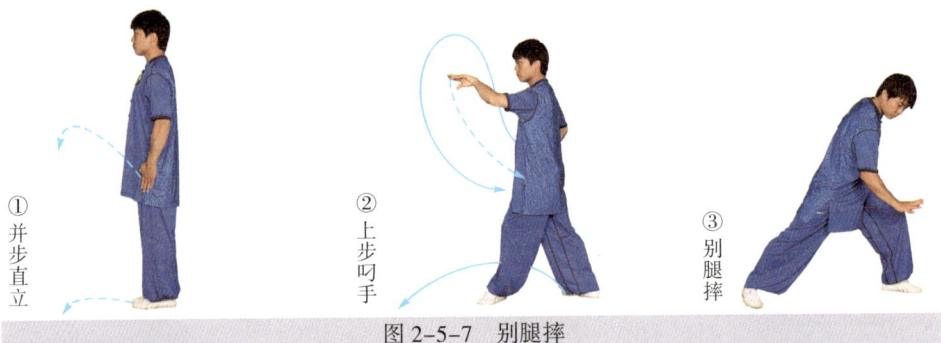

①并步直立　②上步叼手　③别腿摔

图 2-5-7　别腿摔

4.跌法

（1）抢背：右脚退步，屈膝下蹲，重心前移，上体下倾，下颌收紧，肩、背依次着地，向前滚翻一周（图2-5-8①~⑤）。

动作要点：滚翻要圆滑、迅速，以肩背着地。

图2-5-8 抢背

（2）前倒：身体挺直，向前直倒，两脚前脚掌撑地；两手触地，两臂屈肘缓冲，下按于胸前（图2-5-9①②）。

动作要点：挺膝，两手触地屈肘缓冲。

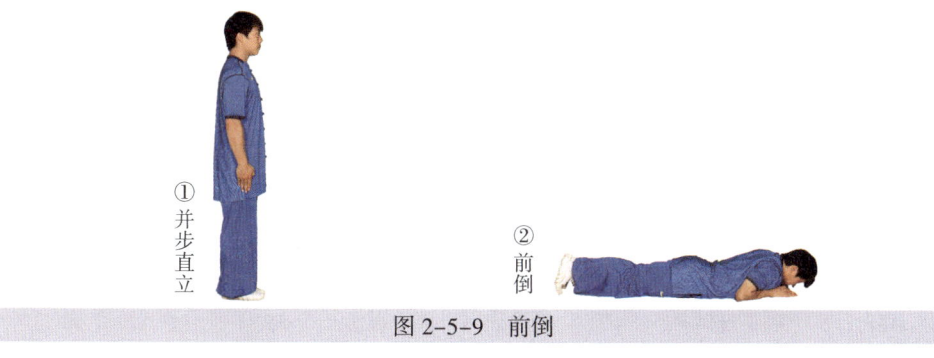

图2-5-9 前倒

（3）鲤鱼打挺：双腿后摆后迅速向臀部挺髋、收腹、打腿，两手推膝或顶肩将身体带起，身体半蹲缓冲。目视前方（图2-5-10①~④）。

动作要点:快速收腹推按腿,两脚向臀部方向着地。

① 仰身平躺　② 翻身举腿　③ 打腿　④ 按腿起立

图 2-5-10　鲤鱼打挺

## 二、单练套路

### (一)动作名称

预备式

| 第一小节 | | |
|---|---|---|
| 1 起势 | 2 并步挂拳(浪子挎兰) | 3 马步撑臂(马步靠) |
| 4 退步提膝架拳(打虎势) | 5 退步拿肘(虎爪手) | 6 退步架掌(架顶) |
| 7 拿手别臂勾踢摔(凤凰夺巢) | 8 并步下栽拳(压手束身) | 9 上步抢劈拳(力劈华山) |
| 10 转身后摆拳(横扫千钧) | 11 抢背(抢背) | 12 虚步亮掌(双关贴门) |
| 第二小节 | | |
| 13 歇步下按(仙童让位) | 14 退步双格拳(双外格) | 15 双外拨(双外拨) |
| 16 退步双按掌(双按掌) | 17 右勾踢推掌(右鸡型步) | 18 左勾踢推掌(左鸡型步) |
| 19 跳步迎面掌(虎扑) | 20 提膝架掌(老虎大张嘴) | |
| 第三小节 | | |
| 21 并步架拳(束身坐山) | 22 左侧踹(踹腿) | 23 前倒(罗汉前倒) |
| 24 鲤鱼打挺(鲤鱼打挺) | 25 进步顶肘(碎心肘) | 26 上步扳手(反弹掌) |
| 27 提膝躲闪(闪躲) | 28 左侧踹(踹腿) | 29 撤步下压(罗汉拂面) |
| 30 退步架格(小摆拳) | 31 上步别腿摔(别腿砍脖) | 32 虚步亮掌(双关贴门) |

续表

| 第四小节 | | |
|---|---|---|
| 33 仆步切掌（铲腿切掌） | 34 弓步双贯拳（双峰贯耳） | 35 双抄拳（双裹肋） |
| 36 上步双推掌（上步排山掌） | 37 退步按掌（挪身挥袖） | 38 退步按掌（挪身挥袖） |
| 39 后跳步格挡（卧枕） | 40 砍掌截腿 | 41 收势 |

（二）动作图解

预备式：同一段单练套路（图2-5-11）。

1. 起势

同一段单练套路（图2-5-12）。

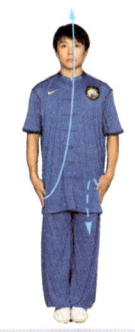
图2-5-11 并步直立

图2-5-12 束身架拳

2. 并步挂拳

左脚微向左开步，身体左转约180°，右脚跟进成并步半蹲；右臂由上至下斜摆至体前，左拳抱于腰间。目视正前方（图2-5-13）。

动作要点：转身要稳，挂勾有力，力达右前臂内侧。

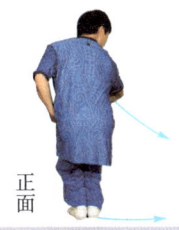
正面

背面

图2-5-13 并步挂拳

3. 马步撑臂

右脚向右开步成马步，右臂向右撑靠。目视右方（图2-5-14）。

动作要点：靠身有力，力达身体右侧和右臂外侧，马步要稳。

4. 退步提膝架拳

右脚向右后方退步，随体转右臂沿右体侧向上抡臂架于额前上方。随后重心落于右腿，左腿提膝，左拳内旋，向外按至左大腿上。目视前方（图2-5-15①②）。

动作要点：提膝时左脚尖护住支撑腿的膝关节，站立要稳。

图2-5-14　马步撑臂　　　　　　图2-5-15　退步提膝架拳

5. 退步拿肘

左脚向正后方退步，同时右手变虎爪屈臂前抓，左拳收至腰间。目视前方（图2-5-16）。

动作要点：虎爪五指尖用力。

6. 退步架掌

右脚向后方退步，左臂上抬，架掌格挡于额头前上方，右爪变拳收于腰间。目视前方（图2-5-17）。

动作要点：屈臂架格于前额上方，力达前臂外侧。

图2-5-16　退步拿肘　　　　　　图2-5-17　退步架掌

7. 拿手别臂勾踢摔

左手外旋抓腕，右脚向左斜前方勾踢，后脚跟擦地而出，左腿弯曲支撑；同时右臂由腰间向左上方弧行摆动，左手按于右肘关节内侧。目视右前方（图2-5-18①②）。

动作要点：勾踢有力，与别臂要协调一致，上体微后倾。

① 上步拿手

② 勾踢别臂摔

图2-5-18 拿手别臂勾踢摔

8. 并步下栽拳

右脚向右后方退步，身体右转，左脚向右脚并拢，屈膝下蹲；两臂在体前交叉后，左臂内旋下栽于体左侧，右拳经体前向上屈臂贴于右胸前。目视左前下方（图2-5-19）。

动作要点：退步要快，缩身紧凑。

9. 上步抡劈拳

右脚向前方上步成右弓步，右臂直臂举至头上方，向下抡劈，拳眼向上，左拳收至腰间。目视前方（图2-5-20）。

动作要点：抡劈拳力达拳外沿。

图2-5-19 并步下栽拳

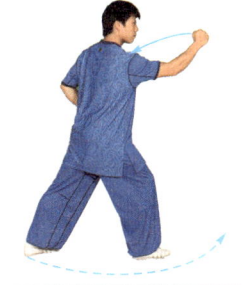
图2-5-20 上步抡劈拳

## 10. 转身后摆拳

身体左转约180°，左脚向右腿后方退步；同时左臂向左横摆拳，右拳收于腰间。目视前方（图 2-5-21①②）。

动作要点：转身要快而稳，力达前臂外侧与拳背。

① 插步合臂

② 转身摆拳

图 2-5-21　转身后摆拳

## 11. 抢背

右脚向前上步，屈膝下蹲，重心前移，上体下倾，下颌收紧，肩、背依次着地，向前滚翻一周。目视前方（图 2-5-22①~③）。

动作要点：滚翻要圆滑、迅速，以肩背着地。

① 重心前移

② 抢背滚翻

③ 双脚着地

图 2-5-22　抢背

## 12. 虚步亮掌

站立后身体左转成左虚步，双手由下向上做挑掌。目视前方（图 2-5-23）。

动作要点：左臂微屈，右掌放至左肘关节处。

## 13. 歇步下按

左脚向后方退步，双腿下蹲；同时两掌掌根交叠，右手上、左手下，旋转一周后，左掌向前下方按出，右掌收至腰间。目视按掌方向（图 2-5-24）。

## 14. 退步双格拳

起身后右脚退步，同时两掌变拳，两臂在胸前交叉后向外格挡。目视前方（图 2-5-25）。

动作要点：向外格挡有力，两拳高与头平。

图 2-5-23　虚步亮掌

图 2-5-24　歇步下按

图 2-5-25　退步双格拳

15. 双外拨

左脚退步成右弓步，双拳由上向下经体前外拨。目视前方（图 2-5-26）。

动作要点：外拨力达前臂外侧。

16 退步双按掌

右脚后退步成左虚步，同时两掌由下向上托掌至面前后，经两侧屈臂下按至胸前。目视前方（图 2-5-27）。

动作要点：退步与按掌协调连贯，按掌力达掌根。

图 2-5-26　双外拨

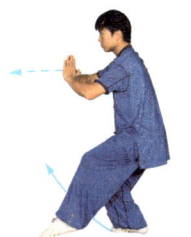
图 2-5-27　退步双按掌

17. 右勾踢推掌

左脚进步，重心下移，右腿屈膝向左前方勾踢，脚掌外翻，脚尖斜向上；左掌从腰间经胸前向右前方屈臂斜推，右手向身体右后侧挂勾。目视前方（图 2-5-28）。

动作要点：勾踢时拧腰转体，脚掌贴地而起，支撑腿弯曲，推掌和勾踢方向相对。

18. 左勾踢推掌

右脚落地后,左腿屈膝向右前方勾踢,脚掌外翻,脚尖斜向上;右掌从身体右侧经胸前向左前方屈臂斜推,左掌向身体左侧勾挂(图2-5-29)。

动作要点:勾踢时拧腰转体,脚掌贴地而起,支撑腿弯曲,推掌和勾踢方向相对。

图 2-5-28 右勾踢推掌

图 2-5-29 左勾踢推掌

19. 跳步迎面掌

左脚向前跳落步,右脚前跳步成右弓步;右掌扳手,左手立掌,双掌向前推击。目视前方(图2-5-30)。

动作要点:右掌力达掌背,掌心朝内,高与鼻平;左掌心朝外,指尖向上,高与腹平。

20. 提膝架掌

重心后移,右腿提膝;左掌向前上方外撑,右掌落于右踝关节。目视前方(图2-5-31)。

动作要点:上架下格挡,两掌成上下开张之势。

图 2-5-30 跳步迎面掌

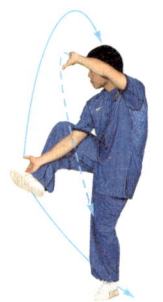
图 2-5-31 提膝架掌

21. 并步架拳

右脚向后退步，左脚向右脚并步；右臂由下经体侧向上摆至额前上方，左手按于左腿上方。目视左方（图2-5-32）。

动作要点：退步要稳，束身要紧。

22. 左侧踹

右腿支撑，左腿提膝侧踹；右手屈臂收于胸前，拳面朝上，左拳垂直下栽，上体微右倾。目视侧踹方向（图2-5-33）。

动作要点：侧踹腿力达全脚掌。

图2-5-32 并步架拳　　　　　　正面　　　　　背面　　图2-5-33 左侧踹

23. 前倒

左脚落地，身体右转90°，重心前移，身体前倒。目视仆地方向（图2-5-34）。

24. 鲤鱼打挺

向左转体，仰面躺地，两腿举至面部上方，两手推按两膝关节。两脚迅速着地，同时上体挺背上起，身体呈下蹲姿势。目视前方（图2-5-35①～③）。

动作要点：快速收腹、推按腿，两脚向臀部方向着地。

图2-5-34 前倒

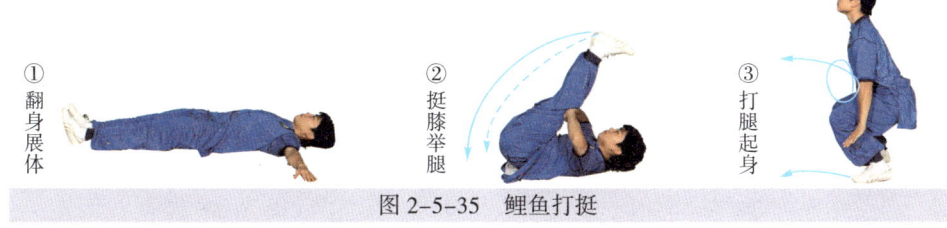

① 翻身展体　　② 挺膝举腿　　③ 打腿起身

图2-5-35 鲤鱼打挺

## 25. 进步顶肘

站起后右脚上步成右弓步,同时两手摆至胸前,右肘前顶,左掌贴于右拳面。目视前方(图 2-5-36)。

动作要点:顶肘有力,力达肘尖。

## 26. 上步扳手

左脚上步成左弓步,同时左掌经胸前向前方扳击,并发出"哈"声,右手收至腰间。目视正前方(图 2-5-37)。

动作要点:扳手力达掌背。

图 2-5-36　进步顶肘

图 2-5-37　上步扳手

## 27. 提膝躲闪

重心后移,左腿提膝;左手微收。目视前方(图 2-5-38)。

动作要点:提膝要快,独立稳定。

## 28. 左侧踹

身体右转,左腿侧踹;右手屈臂收于胸前,左掌回收下按。目视左侧(图 2-5-39)。

动作要点:侧踹时脚尖向内形成足刀,力达脚外沿。

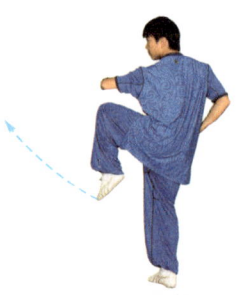
图 2-5-38　提膝躲闪

图 2-5-39　左侧踹

29. 撤步下压

左脚向右腿后方撤步，同时右手屈臂由上向下按压，拳眼斜向内，左拳收于腰间。目视前方（图2-5-40）。

动作要点：撤步与抡臂下按要协调连贯，下压力达手腕。

30. 退步架格

右脚退步，左臂向左上方外格挡，拳心向内，右手收至腰间。目视前方（图2-5-41）。

动作要点：架格力达前臂外侧。

图2-5-40　撤步下压

图2-5-41　退步架格

31. 上步别腿摔

左手五指张开，小指领劲外旋叼腕。身体左转，右脚上步成左弓步；右拳变掌，右臂由腰间抡臂经左上方，向下按压。目视右手方向（图2-5-42①②）。

动作要点：上步别腿与下按压掌要协调一致，靠拧腰发力。

32. 虚步亮掌

重心移至右腿，身体微左转成左虚步；同时双手由下向上挑掌。目视前方（图2-5-43）。

动作要点：两掌呈合抱姿势，右掌置于左肘关节内侧。

图2-5-42　上步别腿摔

图2-5-43　虚步亮掌

### 33. 仆步切掌

重心前移，身体左转，身体腾空跳转；两手交叉合掌，右手在上、左手在下，顺时针翻转，右腿提膝向前铲出，右掌向右斜下方切出，左拳收至腰间。目视切掌方向（图 2-5-44 ①~③）。

动作要点：铲腿力达脚外沿，切掌力达掌外沿。

图 2-5-44　仆步切掌

### 34. 弓步双贯拳

重心前移，左脚上步成左弓步；两拳由下经外侧向头部贯击。目视前方（图 2-5-45）。

动作要点：贯拳力达双拳面。

### 35. 双抄拳

右脚上步，两拳由上经外侧向上抄击，拳眼斜向上。目视前方（图 2-5-46）。

动作要点：裹拳击打，两臂微屈，力达拳峰。

图 2-5-45　弓步双贯拳

图 2-5-46　双抄拳

### 36. 上步双推掌

左脚经右脚内侧上步成左弓步；两掌向正前方推击。目视前方（图 2-5-47）。

动作要点：推掌靠弓步后蹬腿发力。

37.退步按掌

身体左转，左脚后退；右掌经腹前下按，左掌变拳收于腰间。目视前方（图2-5-48）。

38.退步按掌

身体右转，右脚后退；左掌经腹前下按，右掌变拳收于腰间。目视前方（图2-5-49）。

图2-5-47　上步双推掌　　　图2-5-48　退步按掌　　　图2-5-49　退步按掌

39.后跳步格挡

左脚抬起，右脚蹬地，身体微腾空，向后跃步成左弓步；双手握拳，右臂屈臂向上、向外格挡，左臂垂直下格挡。目视前方（图2-5-50①②）。

动作要点：跃步要快而轻，上下肢要协调连贯。

40.砍掌截腿

重心前移至左腿，右脚向斜前下方截击；左掌向斜下方横砍，左腿微弯曲，右掌收至腰间。目视前方（图2-5-51）。

动作要点：截腿脚尖外展，脚掌朝前攻击对方前小腿方位。

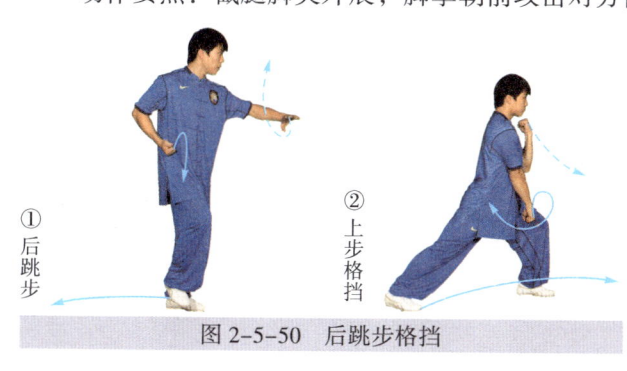

①后跳步　　②上步格挡

图2-5-50　后跳步格挡　　　图2-5-51　砍掌截腿

41. 收势

同一段单练套路（图 2-5-52 ①～③）。

① 弓步抄拳　② 马步架拳　③ 并步直立

图 2-5-52　收势

## 三、对打套路

### （一）动作名称

| 预备式 | |
|---|---|
| 甲 | 乙 |
| 第一小节 | |
| 1　　　　起势 | 起势 |
| 2　　　并步挂拳（浪子挎兰） | 左侧踹（踹腿） |
| 3　　　马步撑臂（马步靠） | 前倒（罗汉前扑） |
| 4　　　退步提膝架拳（打虎势） | 鲤鱼打挺（鲤鱼打挺） |
| 5　　　退步拿肘（虎爪手） | 上步顶肘（碎心肘） |
| 6　　　退步架掌（架顶） | 上步扳手（反弹掌） |
| 7　　　拿手别臂勾踢摔（凤凰夺巢） | 提膝躲闪（闪躲） |
| 8　　　并步下栽拳（压手束身） | 左侧踹（踹腿） |
| 9　　　上步抡劈拳（力劈华山） | 退步下压（罗汉拂面） |

续表

| | | |
|---|---|---|
| 10 | 转身后摆拳（横扫千钧） | 退步架格（小摆拳） |
| 11 | 抢背（抢背） | 上步别腿摔（别腿砍脖） |
| 12 | 虚步亮掌（双关贴门） | 虚步亮掌（双关贴门） |
| | 第二小节 | |
| 13 | 歇步下按（仙童让位） | 仆步切掌（铲腿切掌） |
| 14 | 退步双格拳（双外格） | 弓步双贯拳（双峰贯耳） |
| 15 | 双外拨（双外拨） | 双抄拳（双裹肋） |
| 16 | 退步双按掌（双按掌） | 上步双推掌（跳步排山掌） |
| 17 | 右勾踢推掌（右鸡型步） | 退步按掌（挪身挥袖） |
| 18 | 左勾踢推掌（左鸡型步） | 退步按掌（挪身挥袖） |
| 19 | 跳步迎面掌（虎扑） | 后跳步格挡（卧枕） |
| 20 | 提膝架掌（老虎大张嘴） | 砍掌截腿（矬子扑身） |
| 21 | 收势（马步坐山） | 收势（马步坐山） |

（二）动作图解

预备式：同一段对打套路（图 2-5-53 ①②）。

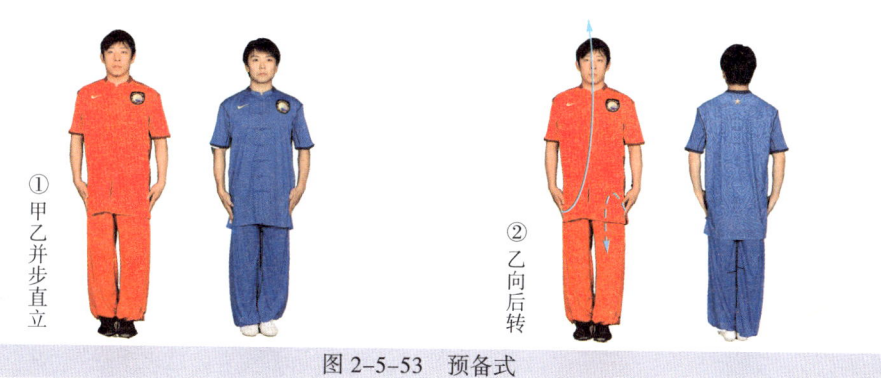

① 甲乙并步直立　　② 乙向后转

图 2-5-53　预备式

1. 甲乙起势

同一段对打套路（图2-5-54）。

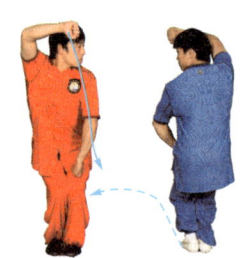

图2-5-54　甲乙束身架拳

2. 乙左侧踹、甲并步挂拳

乙左腿提膝侧踹甲，同时右手屈臂收于胸前，拳面朝上，左臂直臂下栽拳，目视甲方。甲左脚微向左开步，身体左转约180°，右脚跟进成并步半蹲；右臂由上至下斜摆至体前阻格乙侧踹腿，左拳抱于腰间，目视乙方（图2-5-55）。

动作要点：甲挂勾要及时、准确。

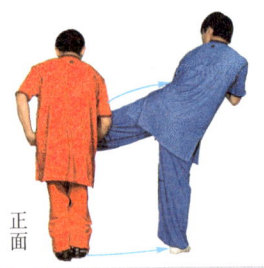 

图2-5-55　乙左侧踹、甲并步挂拳

3. 甲马步撑臂、乙前倒

甲右脚向右开步，同时右臂向右撑靠，目视乙方。乙被贴靠后左脚落地，顺势右转，身体前倒（图2-5-56）。

动作要点：甲做马步时，重心微向右，向外撑靠有力。乙顺势倒地，屈臂缓冲。

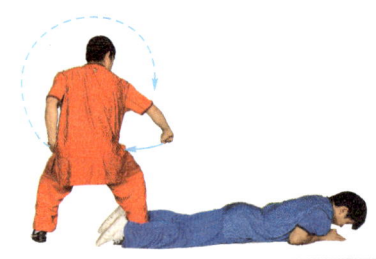

图2-5-56　甲马步撑臂、乙前倒

4. 甲退步提膝架拳、乙鲤鱼打挺

甲右脚向右后方退步，随转体右臂沿身体右侧向上抡臂架拳于额前上方；同时，重心落于右腿，提左膝，左拳内旋，拳沿向外按至左大腿上方，目视乙方。乙向左转体，仰面躺地，两腿举至面部上方，两手推按两膝上方，两脚迅速着地，同时上体挺背上起呈下蹲姿势。目视甲方（图 2-5-57 ① ②）。

图 2-5-57　甲退步提膝架拳、乙鲤鱼打挺

5. 乙上步顶肘、甲退步拿肘

乙起身右脚上步成右弓步，同时两手摆至胸前，右肘向前顶击甲胸部，左掌贴于右拳面，目视甲方。甲左脚向后撤步，右手变虎爪抓向乙方肘部，左拳收至腰间，目视乙方（图 2-5-58）。

动作要点：甲虎爪五指尖用力，抓拿及时。

6. 乙上步扳手、甲退步架掌

乙左脚上步成左弓步，左掌经胸前向前方扳击甲面部，右手收至腰间，目视甲方。甲右脚退步，左臂上抬，架掌格挡于额前上方，右拳收于腰间，目视乙方（图 2-5-59）。

图 2-5-58　乙上步顶肘、甲退步拿肘

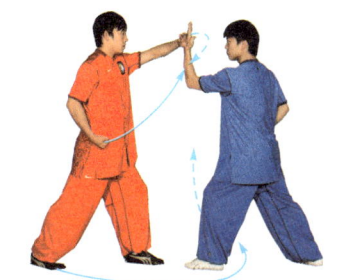

图 2-5-59　乙上步扳手、甲退步架掌

7. 甲拿手别臂勾踢摔、乙提膝躲闪

甲左手外旋抓住乙左腕，右脚向斜前方勾踢乙左腿，支撑腿弯曲，同时右臂勾抄乙左臂，目视乙方。乙左掌微向后拉，提左膝躲闪甲勾踢，目视甲方（图2-5-60）。

动作要点：甲别臂勾踢时左手抓住乙方手腕，乙方躲闪要及时。

8. 乙左侧踹、甲并步下栽拳

乙右腿支撑，左腿提膝展髋侧踹甲方；同时右手屈臂收于胸前，左掌回收下按，目视甲方。甲右脚向后退，身体右转，左脚向右脚并拢，屈膝下蹲；两臂体前交叉，左臂内旋下栽后摆格挡乙侧踹腿，右拳经体前向上屈臂贴于右胸前，目视乙方（图2-5-61）。

动作要点：乙转身与侧踹要快，甲躲闪及时。

 图2-5-60 甲拿手别臂勾踢摔、乙提膝躲闪

 图2-5-61 甲并步下栽拳、乙左侧踹

9. 甲上步抡劈拳、乙退步下压

甲右脚向前上步成右弓步，右臂直举至头上方，向下抡劈拳击打乙方，拳眼向上，左拳收至腰间，目视乙方。乙左脚向后方退步，同时右手屈臂由上向下按压甲右臂，左拳收于腰间，目视甲方（图2-5-62）。

动作要点：甲抡劈要快，乙下压要及时。

10. 甲转身后摆拳、乙退步架格

甲身体左转约180°，左脚向右腿后方插步成弓步；左臂向左横摆拳击打乙头部，右手收于腰间，目视乙方。乙右脚后退成弓步，左臂向左上方外格挡架住甲摆拳，拳心向内，右手收至腰间，目视甲左臂（图2-5-63）。

动作要点：甲转身要快，借助拧腰摆拳，乙退步要及时，防守有力。

图 2-5-62 甲上步抡劈拳、乙退步下压

图 2-5-63 甲转身后摆拳、乙退步架格

11. 乙上步别腿摔、甲抢背

乙左手五指张开外旋叼住甲左腕，身体左转，右脚上步成左弓步；右臂由腰间抢臂，经左上方按压甲颈背部，同时身体向左快速拧转，右脚跟外蹬，目视甲方。甲借失重右脚向前上步，上体下倾，下颌收紧，右肩、背依次着地向前滚翻一周（图 2-5-64 ①~③）。

动作要点：乙别腿摔要转体拧腰发力，甲顺势向前做抢背滚翻。

图 2-5-64 乙上步别腿摔、甲抢背

12. 甲乙虚步亮掌

甲站立后身体左转成左虚步，双手由下向上挑掌，目视乙方。乙重心移至右

腿，身体微左转成左虚步，双手由下向上挑掌，目视甲方（图 2-5-65）。

图 2-5-65　甲乙虚步亮掌

13. 乙仆步切掌、甲歇步下按

乙重心前移，身体左转约 180°，右腿提膝向前铲出；同时两手交叉合掌，左手在上、右手在下，翻转，右掌向右斜下方切出，左手收至腰间，目视切掌方向。甲左脚向后退步，两腿交叉下蹲；双手合掌后翻转，左手按切乙左掌，右掌收至腰间，目视按切方向（图 2-5-66①②）。

动作要点：乙铲腿和切掌动作连贯，甲退步按掌要准确把握时机。

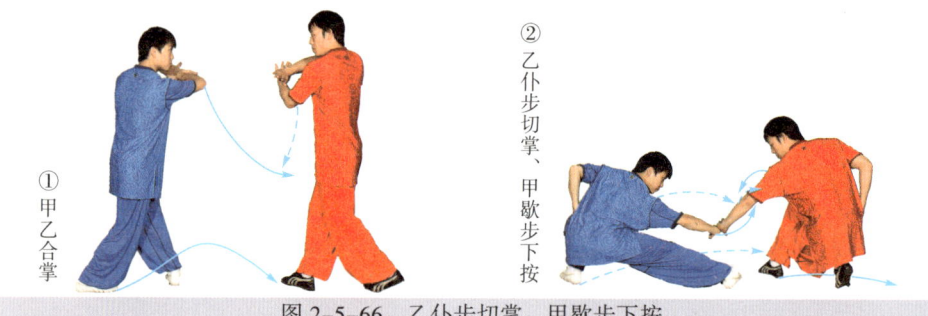

图 2-5-66　乙仆步切掌、甲歇步下按

14. 乙弓步双贯拳、甲退步双格拳

乙重心前移，左脚上步成左弓步；同时两拳由下经外侧向乙方头部贯击，目视甲方。甲起身后右脚退步，两掌变拳，两臂在胸前交叉后向外格挡乙贯拳，目视乙方（图 2-5-67）。

动作要点：乙贯拳高与头平，甲格挡要及时。

15. 乙双抄拳、甲双外拨

乙两拳由上经外侧向甲两肋侧击打，拳眼向上，目视甲方。甲左脚退步成右弓步，双拳由上向下经体前向外拨挡乙裹拳，目视格挡方向（图2-5-68）。

动作要点：甲外拨动作要及时。

图2-5-67 乙弓步双贯拳、甲退步双格拳

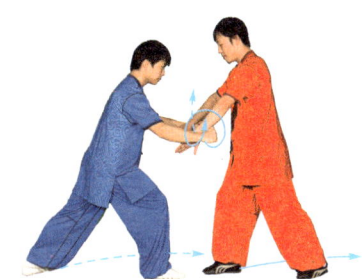

图2-5-68 乙双抄拳、甲双外拨

16.乙上步双推掌、甲退步双按掌

乙左脚上步成左弓步，两掌向甲胸部推击，目视甲方。甲右脚后退成左虚步，两掌下按乙两掌，目视乙方（图2-5-69）。

动作要点：乙上步与推掌要连贯，甲下按要及时。

17.甲右勾踢推掌、乙退步按掌

甲左脚上半步，重心下移，右腿屈膝向前勾踢乙左腿；左臂屈臂斜推乙方，右手向后勾挂，目视乙方。乙左脚后退躲闪甲勾踢，右掌经腹前下按甲左臂，左手收于腰间，目视甲方（图2-5-70）。

图2-5-69 乙上步双推掌、甲退步双按掌

图2-5-70 甲右勾踢推掌、乙退步按掌

18.甲左勾踢推掌、乙退步按掌

甲右脚落步，重心下移，左腿屈膝向前勾踢乙右腿；右臂屈臂斜推乙方，左手向右侧勾挂。乙右脚后退，躲闪甲勾踢；左掌经腹前下按甲右臂，右手收于腰

间。甲乙目视对方（图 2-5-71）。

图 2-5-71　甲左勾踢推掌、乙退步按掌

19. 甲跳步迎面掌、乙后跳步格挡

甲左脚向前落跳步，右脚向前跳步成右弓步；右掌向乙面部扳手击打，左掌向前推击乙胸部，目视乙方。乙左脚蹬地向后跃步，右脚后撤一步成左弓步；同时双手握拳，左臂屈臂向上、向外格挡甲方扳手，右臂向下格挡甲方左掌，目视甲方（图 2-5-72①②）。

动作要点：甲跳步和乙后跃步要协调配合，迎面掌与格挡要协调一致。

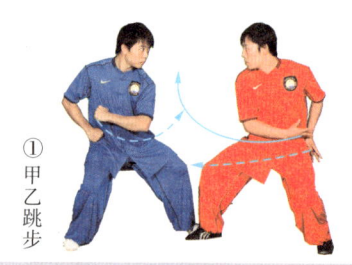

图 2-5-72　甲跳步迎面掌、乙后跳步格挡

20. 乙砍掌截腿、甲提膝架掌

乙重心前移至左腿，左支撑腿弯曲，右脚向甲方左腿截击，左掌向甲方胸部横砍，右拳收至腰间，目视甲方。甲重心后移，右腿后撤提膝防守乙截击，左掌向前上方外撑，右手向下落掌格挡乙砍掌，目视乙方（图 2-5-73）。

动作要点：甲乙动作截腿与提膝、砍掌与架掌要配合协调。

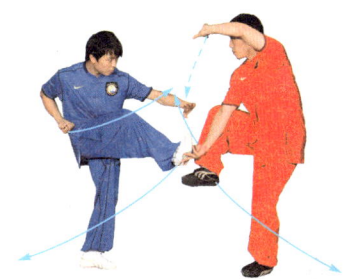

图 2-5-73 甲提膝架掌、乙砍掌截腿

21. 甲乙收势

同一段对打套路（图 2-5-74 ①~④）。

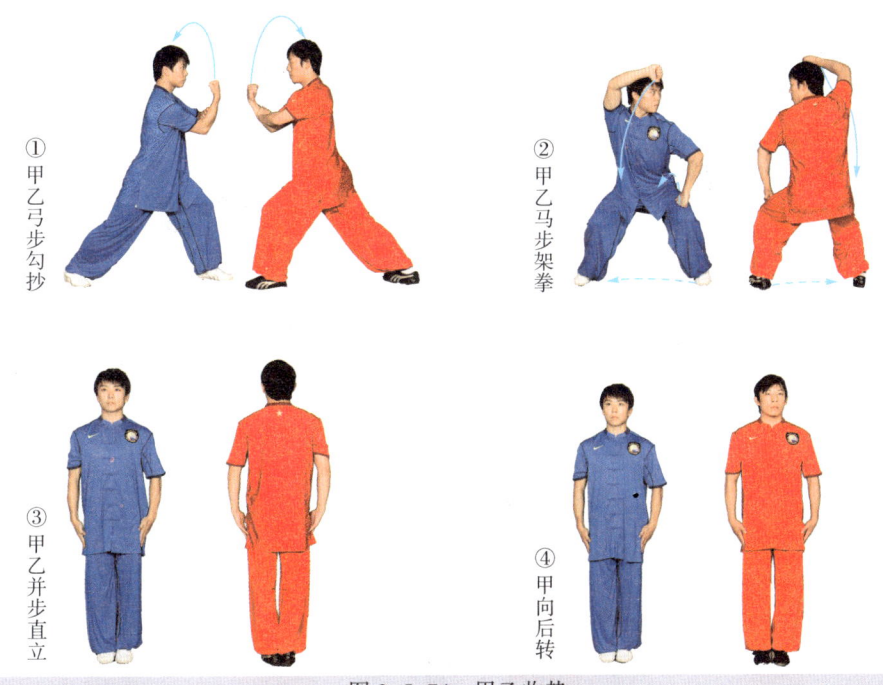

图 2-5-74 甲乙收势

## 四、拆招

1. 勾踢摔拆招

（1）甲乙相向开步直立，相距 1 米左右（图 2-5-75 ①）。

（2）乙左脚上步，左拳向甲胸部冲出（图2-5-75②）。

（3）甲左脚向左前方上步，身体左侧闪；左手叼扣、旋压乙左腕。右臂屈肘经乙腋下向上、向前抄扣，右脚勾踢乙左脚踝（图2-5-75③～⑤）。

动作要点：甲左手扣压、右臂上抄及右脚勾踢要协调一致。

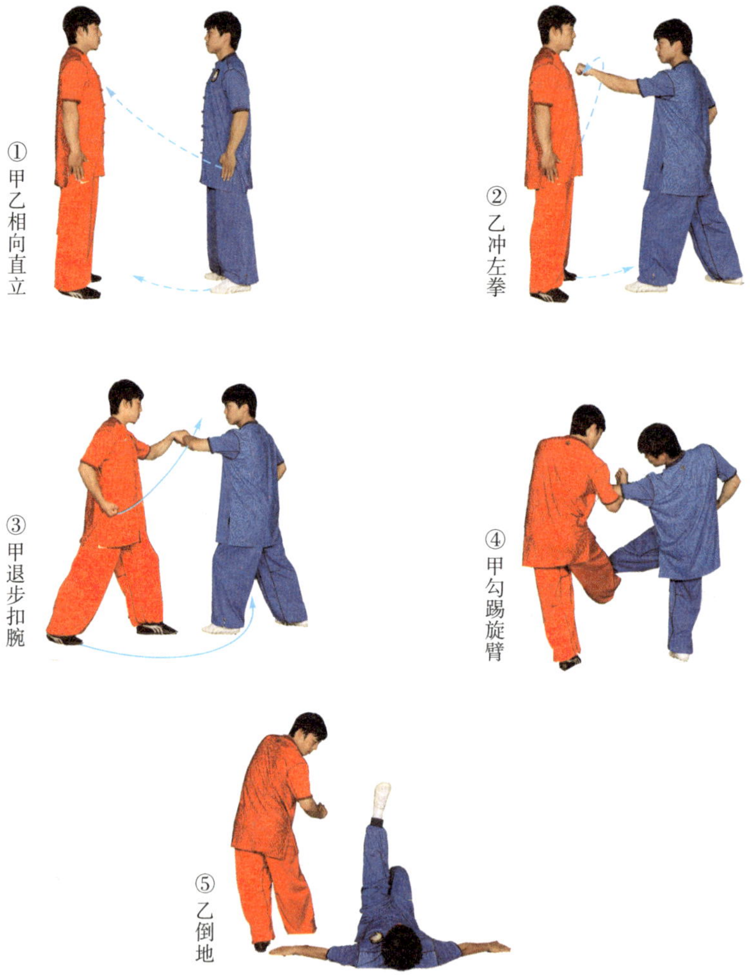

① 甲乙相向直立

② 乙冲左拳

③ 甲退步扣腕

④ 甲勾踢旋臂

⑤ 乙倒地

图2-5-75　勾踢摔拆招

2. 别腿摔拆招

（1）甲乙相向开步直立，相距1米左右（图2-5-76①）。

（2）乙左脚上步，左拳向甲胸部冲出（图2-5-76②）。

（3）甲右脚退步，左臂上架乙左臂（图2-5-76③）。

（4）甲左脚迅速上步，身体左转；左手顺势扣压乙左腕。甲右脚向乙左腿前插步，别乙左腿；随身体左转右手扣压乙左上臂（图2-5-76④~⑥）。

安全注意事项：甲拿臂、扣腕要轻，以免伤害对方关节。

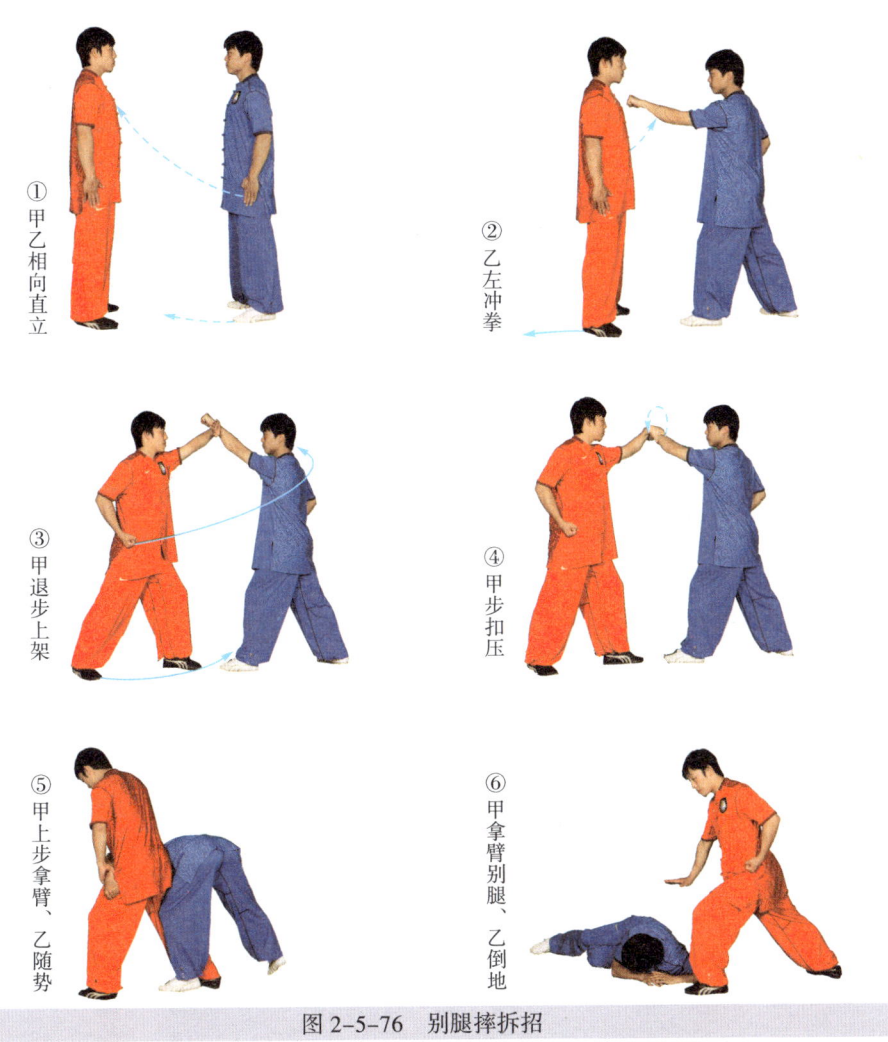

①甲乙相向直立
②乙左冲拳
③甲退步上架
④甲步扣压
⑤甲上步拿臂、乙随势
⑥甲拿臂别腿、乙倒地

图2-5-76　别腿摔拆招

3.靠摔拆招

（1）甲乙相向开步直立，相距1米左右（图2-5-77①）。

（2）乙左脚侧踹甲腹部（图2-5-77②）。

（3）甲身体左转，右脚并步；右手抄挂乙脚踝（图2-5-77③）。

（4）甲右脚向乙左腿后跨步，同时右肩向乙靠身，使乙失去重心倒地（图2-5-77④⑤）。

动作要点：甲前靠要及时快速。

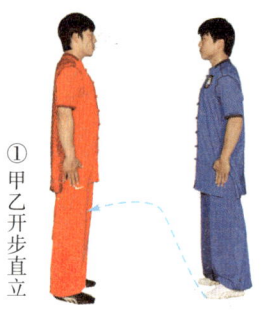
① 甲乙开步直立

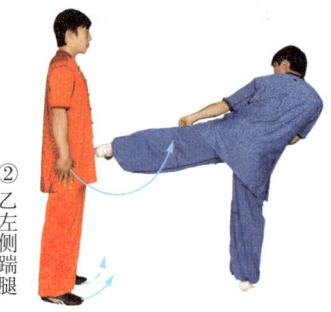
② 乙左侧踹腿

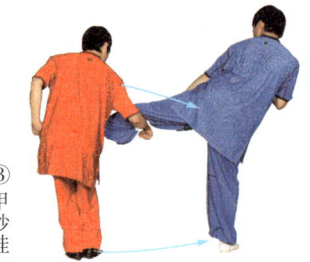
③ 甲抄挂

④ 甲靠身

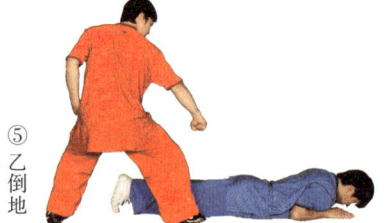
⑤ 乙倒地

图2-5-77 靠摔拆招

# 第六节 | 少林拳六段技术图解

## 一、基本形态

（一）静型

跪步：身体左拧转，右腿屈膝半蹲，左腿屈膝全蹲，脚前掌撑地（图 2-6-1）。

动作要点：蹲步迅速，轻灵稳固。

图 2-6-1 跪步

（二）动态

1. 手法

（1）栽拳（以右栽拳为例）：右拳下栽，拳面朝下（图 2-6-2①②）。

动作要点：由上至下竖直下栽，力达拳面。

① 开步直立

② 右栽拳

图 2-6-2 栽拳

（2）绞手（以右十字绞手为例）：两掌掌根相接，右掌在下，右掌顺时针旋转，左掌逆时针旋转，双掌旋转一周后，左手在上，两掌心相对呈十字手状（图2-6-3①~③）。

动作要点：双掌拧旋、翻转、动作要清晰流畅。

图2-6-3　绞手

（3）十字手：两掌交错前推，左掌在外掌心斜朝外，力达掌根。目视前方（图2-6-4①②）。

动作要点：两臂推掌后借助反弹力微回收，臂微屈。

图2-6-4　十字手

2. 腿法

（1）后蹬腿（以左后蹬腿为例）：左腿提起，大小腿折叠，大腿带动小腿向斜后方蹬出，脚尖朝下（图2-6-5①~③）。

动作要点：大小腿折叠，蹬踢力达脚跟。

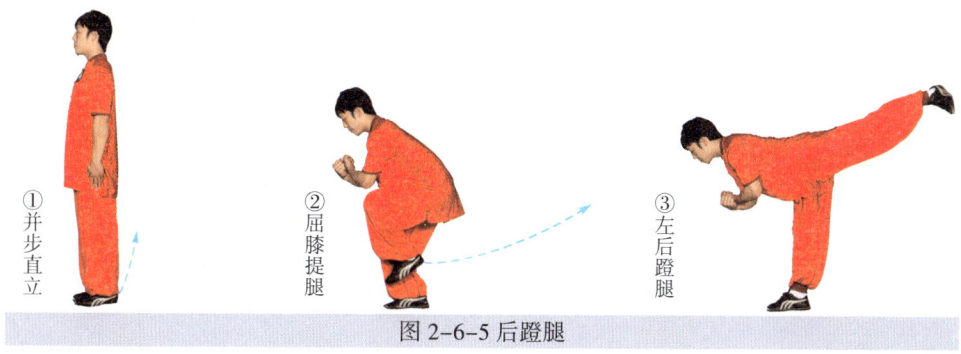

图 2-6-5 后蹬腿

（2）后扫腿（以右后扫腿为例）：重心下移、左腿屈膝，右腿伸直，俯身右转，以左脚前脚掌为轴，右脚全脚掌着地，顺时针扫转360°（图 2-6-6 ①~③）。

动作要点：扫转要借助腰发力。

图 2-6-6 后扫腿

3. 腾空动作

（1）腾空箭弹（以右腾空箭弹为例）：右腿屈膝蹬地，左脚上摆，身体腾空；左腿下压，右腿屈膝上提，向前上方弹击小腿，脚面绷紧，右手拍击右脚面，力达脚尖（图 2-6-7 ①~④）。

动作要点：空中快速甩右腿，力达脚尖。

① 开步抱拳

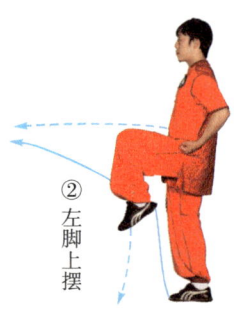
② 左脚上摆

③ 腾空箭弹

④ 落地

图 2-6-7　腾空箭弹

（2）旋风脚（以右旋风脚为例）：右脚上步，身体左转约 90°；右腿屈膝蹬地，身体腾空，逆时针旋转 360°，右脚在空中里合，左手迎击脚掌（图 2-6-8 ①～④）。

动作要点：蹬地有力，转体要快，击响干脆。

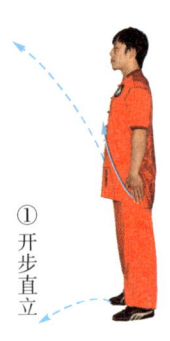
① 开步直立

② 右脚上步

③空中里合　④马步抱掌

图 2-6-8　旋风脚

（3）腾空外摆莲：右腿上步，脚尖外摆，两手自然下落。右腿屈膝蹬地，身体腾空右转，两手向上带臂；随身体右转右腿外摆，双掌空中依次拍击右脚面。双腿自然后落（图 2-6-9 ①~④）。

动作要点：腾空转体和两手上带同时进行，利用身体右转惯性带动右腿摆动。

①前后站立　②右脚上步　③空中摆莲　④马步合掌

图 2-6-9　腾空外摆莲

## 二、单练套路

### （一）动作名称

预备式

| 第一小节 ||| 
|---|---|---|
| 1 起势 | 2 蹲步抄拳（老僧上香） | 3 仆步切掌（小童捉鸡） |
| 4 提膝架打（打虎势） | 5 里合下栽拳（挂面脚） | 6 腾空箭弹（鹞子钻天） |
| 7 弓步劈拳（力劈华山） | 8 弓步别臂（转身拧臂） | 9 右后撩踢（败势踢打） |
| 10 左后撩踢（败势踢打） | 11 腾空外摆莲（摆莲腿） | 12 右冲拳叼手拧按（乌龙翻江） |
| 13 左冲拳叼手拧按（乌龙翻江） | 14 砍掌撞头（罗汉撞钟） | |

| 第二小节 |||
|---|---|---|
| 15 并步下栽拳（压手束身） | 16 弓步十字手（闪电手） | 17 跳步闪身（追风连击） |
| 18 弓步右按掌（仙童让位） | 19 弓步上架（童子观佛） | 20 后扫腿（扫堂腿） |
| 21 转身上跳步（虎跳涧） | 22 弓步扳手（扑面手） | 23 绞手弹踢（十字弹踢） |
| 24 进步插掌（白蛇吐信） | 25 搂膝盘肘（伏虎势） | |

| 第三小节 |||
|---|---|---|
| 26 并步架拳（束身坐山） | 27 虚步按掌（勒马按颈） | 28 仆步切掌（扑地锦） |
| 29 提膝架打（打虎势） | 30 丁步勾挂（缩身勾挂） | 31 退步双按掌（和尚放帘） |
| 32 弓步上架（罗汉望仙） | 33 叼拧按掌（天王托塔） | 34 左跪步下按掌（俯身拾柴） |
| 35 右跪步下按掌（俯身拾柴） | 36 上步仰身弹踢（仰身钻心腿） | 37 叼手马步下栽拳（林中摘果） |
| 38 叼手马步下栽拳（林中摘果） | 39 退步托推（和尚托头） | |

| 第四小节 |||
|---|---|---|
| 40 跪步下按（小提鞋） | 41 后蹬腿（野马弹蹄） | 42 前滚翻（前滚翻） |
| 43 弓步反盖拳（霸王压顶） | 44 弓步劈拳（李逵劈柴） | 45 跳步虚步推掌（追风相连） |
| 46 上步旋风脚（旋风腿） | 47 弓步扳手（封面掌） | 48 提膝架掌（老虎大张嘴） |
| 49 进步插掌（白蛇吐信） | 50 搂膝盘肘（伏虎势） | 51 收势 |

（二）动作图解

预备式：同一段单练套路（图2-6-10）。

1. 起势

同一段单练套路（图2-6-11）。

图2-6-10　并步直立

图2-6-11　并步架拳

2. 蹲步抄拳

（1）左脚上步，身体左转90°；左拳变掌从腰间逆时针平圆外搂（图2-6-12①）。

（2）右脚并于左脚处震脚成蹲步，右拳随身体左转从腰间向前、向上勾拳，拳心向里，高与肩平，左掌外搂顺势按至右前臂（图2-6-12②）。

动作要点：震脚冲拳要协调一致，勾拳时要力达拳面。

图2-6-12　蹲步抄拳

3. 仆步切掌

（1）双腿蹬地腾空，身体右转；两手随腾空右拉（图2-6-13①）。

（2）落地时右腿屈膝全蹲，左腿向外平铲成左仆步；左掌直接向前、向外切出，力达掌外沿，右拳回收至腰间。目视切掌方向（图2-6-13②）。

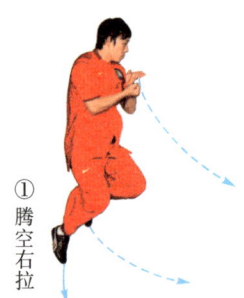

图 2-6-13　仆步切掌

4. 提膝架打

（1）右脚向前跟步震脚，右拳在体前划圆抡臂，左掌变拳收至体侧（图 2-6-14①）。

（2）左腿提膝，右拳架至额前上方，左拳内旋下栽至左膝上方（图 2-6-14②）。

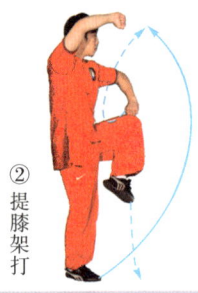

图 2-6-14　提膝架打

5. 里合下栽拳（挂面脚）

（1）左脚向前落步，身体左转，右腿由外侧向内摆动至头顶处迅速下压；同时左拳变掌迎击右脚掌（图 2-6-15①）。

（2）右腿下压不落地，屈膝上提成独立；右手小臂带动大臂内旋向下冲拳，紧贴于身体右侧，拳心向外，左掌附于右肩内侧。目视右方（图 2-6-15②）。

动作要点：借助身体左转惯性右腿高摆，下压充分，提膝与下冲拳同时进行。

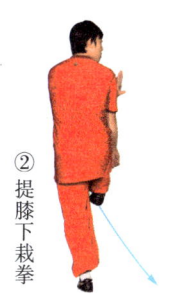

图 2-6-15 里合下栽拳

6. 腾空箭弹

（1）身体右转，右脚前落；双手变拳收于腰间（图 2-6-16①）。

（2）右腿屈膝蹬地，左膝上提，腾空跳起。右脚随腾空上摆，屈膝前弹，脚面绷直（图 2-6-16②③）。

动作要点：在腾空箭弹时，立腰、顶头、提气；前弹时腿由屈到伸，力达脚面。

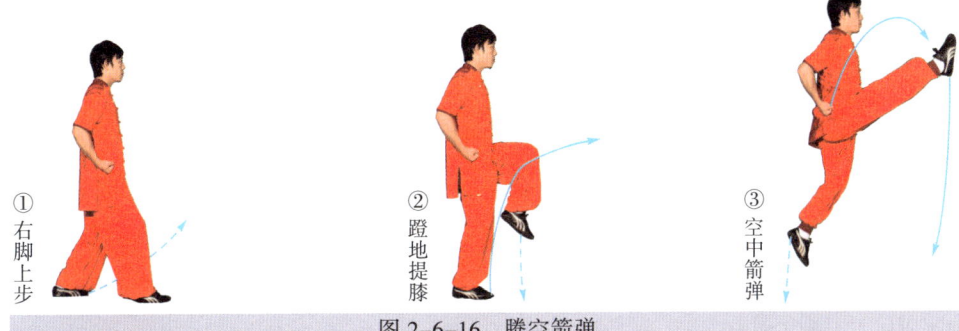

图 2-6-16 腾空箭弹

7. 弓步劈拳

右脚落地成右弓步，右拳由上向下抡劈，左拳抱于腰间。目视右前方（图 2-6-17）。

动作要点：劈拳力达拳沿，臂弯曲。

图 2-6-17　弓步劈拳

8. 弓步别臂

身体左转成左弓步，右臂内旋下落，右拳变勾手落至右腿外侧，左拳变掌提至右肩前，指尖向上。目视右后方（图 2-6-18）。

动作要点：转身时右脚发力，拧步速度要快，左右手变换协调一致。

正面　　　　　　　　　　　　　　背面

图 2-6-18　弓步别臂

9. 右后撩踢

重心前移至左腿，右脚掌扒地撩踢，绷脚尖，力达前脚掌。目视后方（图 2-6-19）。

动作要点：右腿撩踢时上提迅速，发力短促。

10. 左后撩踢

右腿向前落步，左脚掌扒地撩踢，绷脚尖，力达前脚掌。目视左后方（图 2-6-20）。

图 2-6-19　右后撩踢　　　　　图 2-6-20　左后撩踢

11. 腾空外摆莲

左脚向前落步，右上步，脚尖外摆，两手自然下落。右腿屈膝蹬地，身体腾空右转，两手向上带臂，右腿伸直上抬，随身体右转外摆，双掌拍击右脚面，双腿自然后落（图2-6-21①~④）。

动作要点：腾空转体和两手上带同时进行，利用身体右转惯性带动右腿摆动，下落时右腿积极下压。

图2-6-21 腾空外摆莲

12. 右冲拳叼手拧按

双腿下落成马步，身体右转；右拳冲出，力达拳面，左拳收抱于腰侧；身体重心微上移，左拳变掌搂提至右肩前；随后外旋叼手收于右胸前，同时重心下移，右拳垂直下冲（图2-6-22①~③）。

动作要点：左手搂叼，右拳下栽，意在别住对方两臂。

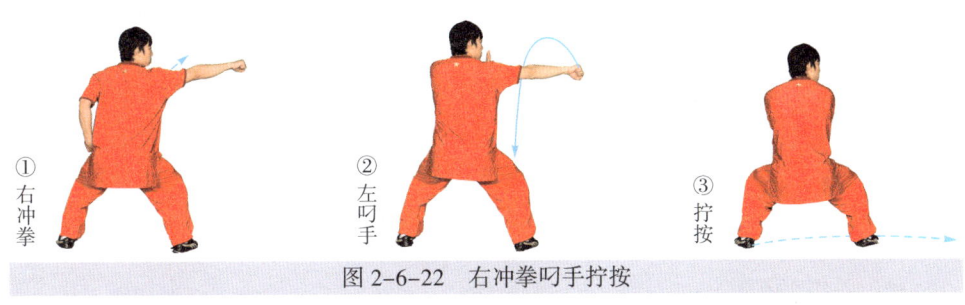

图2-6-22 右冲拳叼手拧按

13. 左冲拳叼手拧按

左脚上步，身体右转180°，右脚向后撤步，下蹲成马步；右手随身体右转成掌，横向右搂后，外旋叼手收于左胸前。随即左拳垂直下冲，同时发出"哈"

声（图 2-6-23①~③）。

图 2-6-23　左冲拳叼手拧按

14. 砍掌撞头

右脚上步成弓步，右拳变掌向右横砍。随即重心微左移，头左转；左掌收至左腰侧，右拳变掌抓住左腕。重心右移成右弓步，拧腰发力，将头部向前撞出（图 2-6-24①~③）。

图 2-6-24　砍掌撞头

15. 并步下栽拳

左脚上步与右脚并步下蹲，右拳经左手外侧向上屈臂抱于胸前，左拳内旋下冲置于左腿外侧，拳心向外。目视左方（图 2-6-25）。

动作要点：缩身紧凑，与两拳移动同时完成。

16. 弓步十字手

左脚上步成弓步,两拳变掌交错前推,掌心向外,力达掌根。目视前方(图2-6-27)。

图 2-6-25　并步下栽拳

图 2-6-26　弓步十字手

动作要点:双掌推出后反弹微收,臂微屈。

17. 跳步闪身

左脚蹬地,右脚经左脚内侧向前跃步,左脚再向前跨步,同时两手变拳收至腰间(图2-6-27)。

动作要点:换步顺畅、自然。

①提腿

②跃步

图 2-6-27　跳步闪身

18. 弓步右按掌

左脚落地成弓步,右拳变掌由上向下横按,左拳收抱于腰间。目视前方(图2-6-28)。

动作要点:按掌时力达掌面。

19. 弓步上架

左臂屈肘,向额前上方螺旋架起,右拳收抱于腰间。目视前方(图2-6-29)。

动作要点:螺旋上架,力由腰发出,发力短促。

图 2-6-28　弓步右按掌

图 2-6-29　弓步上架

20. 后扫腿

身体右转，重心下降；两手变掌俯身下按至裆前，左脚跟提起，以左脚为轴，身体向右转，带动右腿直腿扫转360°，力达脚跟（图2-6-30①~③）。

动作要点：双手俯身下按保持身体平衡，转肩、拧腰、带髋、扫动一气呵成。

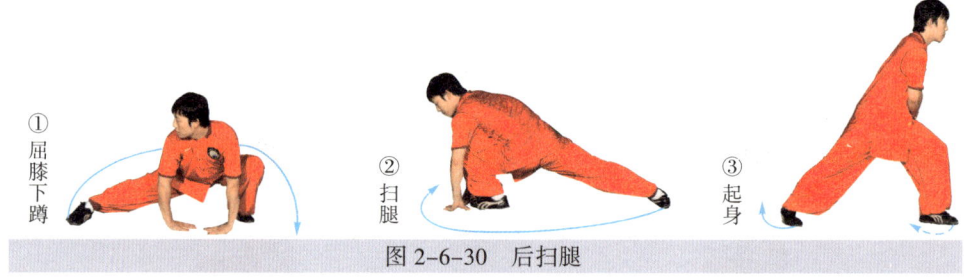

图 2-6-30　后扫腿

21. 转身上跳步

身体右转，左脚上步蹬地，右腿提起后向左转身腾空跳起（图2-6-31①~④）。

动作要点：上步、换步连贯顺畅。

图 2-6-31　转身上跳步

## 22. 弓步扳手

右脚落地后成马步,身体右转,左腿蹬直成弓步;同时右拳变掌由腰间向前反掌击出,力达掌背。目视前方(图2-6-32①②)。

动作要点:扳手时五指放松,速度迅猛。

图2-6-32　弓步扳手

## 23. 绞手弹踢

(1)右掌向下绞手,左掌向前迎合,两手在胸腹前交叉,腕部相对,右臂在上。随后以腕关节为轴,沿平圆旋转翻动至左臂在上(图2-6-33①)。

(2)左腿屈膝上抬向前弹击,脚面伸直,力达脚尖;左掌向体后方向劈砍,右掌沿左腿方向向前推出,虎口张开,掌尖向下,力达掌沿(图2-6-33②)。

动作要点:前弹腿与两手的前推、后拉动作同时进行,弹腿要高不过腰,两掌虎口张开。

图2-6-33　绞手弹踢

## 24. 进步插掌

左脚向前落步,左掌经体侧向前、向上划圆一周至腰间,再向前插出,力达指尖,掌心向下。右掌收抱腰间。目视前方(图2-6-34①②)。

动作要点:插掌迅猛、有力,上体要转向正面。

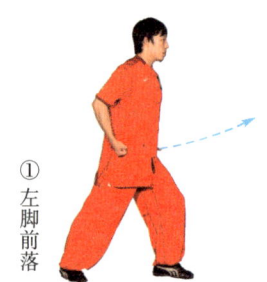

图 2-6-34 进步插掌

25. 搂膝盘肘

(1) 左手收至腰间，右腿提起，身体向右后转体成右弓步，同时右手从膝外侧搂手（图 2-6-35①）。

(2) 右脚前落成右弓步，右手变拳上架至额前上方，左臂内旋盘肘，拳面贴于右胸前，肘尖向前（图 2-6-35②）。

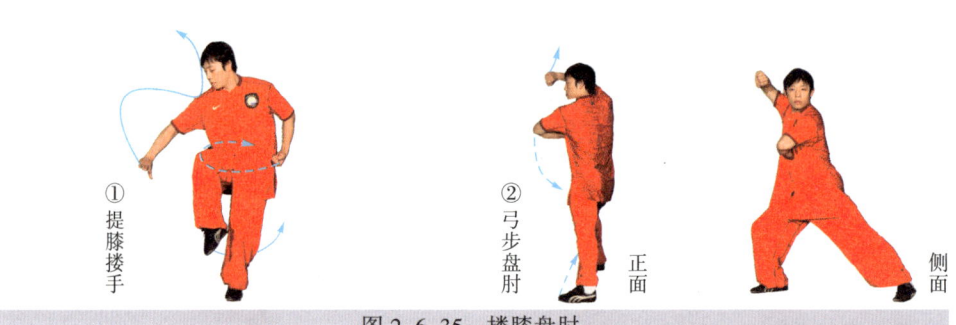

图 2-6-35 搂膝盘肘

26. 并步架拳

身体右转，左脚与右脚并步下蹲；右拳随身体转动向头顶前上方架起，左臂屈肘，左拳下栽于左膝上方，拳面向下，拳心向后。目视左方（图 2-6-36）。

动作要点：弓步变并步要干脆、规范。架拳略高于头顶，与并步同时完成。

27. 虚步按掌

身体左转约 90°，左脚后退成右虚步；同时右拳变掌向下压至腹前，左拳抱于腰间。目视前方（图 2-6-37）。

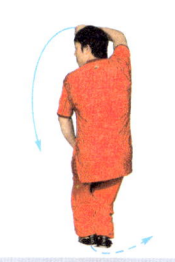
图 2-6-36　并步架拳

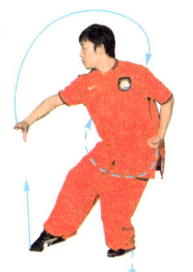
图 2-6-37　虚步按掌

28. 仆步切掌

（1）右脚蹬地腾空，身体右转；两手随腾空打开，交叉于胸前（图 2-6-38①）。

（2）落地时右腿屈膝全蹲，左腿向外铲出成左仆步；左掌直接向前、向外切出，力达掌沿，右拳回收至腰间。目视左方（图 2-6-38②）。

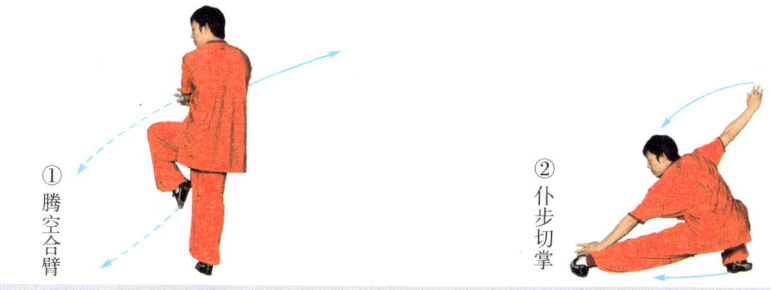
图 2-6-38　仆步切掌

29. 提膝架打

（1）右脚向前跟步震脚，同时右拳在体前划圆抡臂，左拳收至体侧（图 2-6-39①）。

（2）左腿提膝，右拳架至额前上方，左拳内旋下栽至膝上方（图 2-6-39②）。

图 2-6-39　提膝架打

### 30. 丁步勾挂

左脚下落至右脚侧,重心下蹲,同时身体右转;左手变勾勾至左臀侧,右手垂直下落至左胸前。目视左前方(图 2-6-40)。

动作要点:束身迅速,上下协调。

### 31. 退步双按掌

左脚后退,身体左转成右弓步,右脚后撤成左弓步;两掌经体侧至头顶、面前横按至腹前。目视前方(图 2-6-41 ① ②)。

动作要点:双掌下按有力。

图 2-6-40 丁步挂钩    图 2-6-41 退步双按掌

### 32. 弓步上架

右掌变拳经体前上架至额前上方,左掌变拳手抱于腰间。目视前方(图 2-6-42)。

动作要点:上架拳时发力短促。

### 33. 叼拧按掌

右手指张开,在额头前方内旋抓握,左手举至上方向斜前下方按掌,同时,右手外旋压至腹前,掌心朝上,身体前倾。目视按掌方向(图 2-6-43 ① ②)。

动作要点:叼拧迅速,与下按掌连贯。

图 2-6-42 弓步上架    图 2-6-43 叼拧按掌

### 34. 左跪步下按掌

右腿上步，屈膝，左脚迅速前跟，屈膝下蹲；右掌向前斜下方按，左拳抱于腰间。目视按掌方向（图2-6-44）。

### 35. 右跪步下按掌

左腿上步，屈膝，右脚迅速前跟，屈膝下蹲；左掌向前斜下方按，右拳抱于腰间。目视按掌方向（图2-6-45）。

图2-6-44　左跪步下按掌　　　　　图2-6-45　右跪步下按掌

### 36. 上步仰身弹踢

重心上移，右脚上步，两拳抱于腰间。左脚向前上方弹踢，同时两拳变掌向两侧伸展，身体后仰（图2-6-46①②）。

动作要点：支撑腿微曲，左脚弹踢力达脚尖。

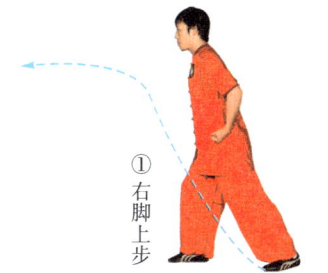

图2-6-46　上步仰身弹踢

### 37. 叼手马步下栽拳

（1）左脚前落成马步，右手于左胸前向前叼手，左拳由腰间向左侧冲出（图2-6-47①）。

（2）随身体右转右手握拳收于右肩内侧，左手握拳沿顺时针方向立圆抡臂至头顶上方后垂直下栽。目视左侧（图2-6-47②）。

动作要点：下栽拳有力，力达拳面。

图 2-6-47　叼手马步下栽拳

38. 叼手马步下栽拳

（1）右脚向前上步，左手向前叼手，右拳向右侧冲出（图 2-6-48①）。

（2）两腿屈膝下蹲成马步，随身体左转右手沿顺时针方向立圆抡臂至头顶上方后垂直下栽，左手握拳收于左肩内侧。目视右侧（图 2-6-48②）。

动作要点：下栽拳有力，力达拳面。

图 2-6-48　叼手马步下栽拳

39. 退步托推

（1）身体右转 90°，右脚后退步成左弓步；两拳抱于腰间（图 2-6-49①）。

（2）两拳变掌于胸前，向正前方托推。目视前方（图 2-6-49②）。

动作要点：托推时两臂紧贴身体。

图 2-6-49　退步托推

40. 跪步下按

身体右拧转，屈膝下蹲；同时右臂屈肘格挡于左胸前，左掌下按于左脚跟处。目视身体左后方（图2-6-50）。

动作要点：下蹲扣膝、合胯，下按有力。

41. 后蹬腿

随身体站立左脚向左斜上方蹬腿，上肢动作不变。目视蹬腿方向（图2-6-51）。

动作要点：后蹬充分，力达脚跟。

图2-6-50 跪步下按　　　　图2-6-51 后蹬腿

42. 前滚翻

右腿屈膝，双手撑地，向前滚翻（图2-6-52①～③）。

动作要点：低头、含胸、肩背依次着地前滚。

图2-6-52 前滚翻

43. 弓步反盖拳

身体站立左转体成左弓步，左拳抡至头上方，向下盖拳。目视盖拳方向（图2-6-53①②）。

动作要点：盖拳借助转腰、身体旋转的力量。

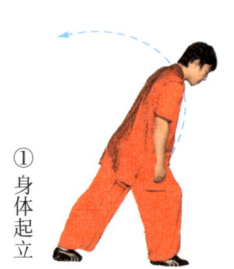

① 身体起立　② 转身反盖拳

图 2-6-53　弓步反盖拳

**44. 弓步劈拳**

右拳沿逆时针方向向身体左前方劈出，左拳抱于腰间。目视劈拳方向（图 2-6-54）。

动作要点：盖拳与劈拳要衔接紧凑，劈力达拳背。

**45. 跳步虚步推掌**

左脚稍上提，右腿单腿跳落地后成左高虚步；左掌向体侧推出，右拳抱于腰间。目视推掌方向（图 2-6-55 ①②）。

动作要点：跳换步灵活，推掌有力。

① 跳换步　② 虚步推掌

图 2-6-54　弓步劈拳　　图 2-6-55　跳步虚步推掌

**46. 上步旋风脚**

左右脚依次上步，身体向左旋转360°，同时右脚蹬地腾空里合，双脚落地成马步，两臂交叉合抱于左腰际（图 2-6-56 ①～④）。

动作要点：空中击响干脆有力，落地要稳。

图 2-6-56 上步旋风脚

**47. 弓步扳手**

身体右转成右弓步,右手向体侧扳击,左拳抱于腰间。目视右手方向(图 2-6-57)。

动作要点:扳手力达掌背。

**48. 提膝架掌**

提右膝,左拳变掌经体前外旋上撑于额前上方,右手贴至右踝关节内侧。目视前方(图 2-6-58)。

动作要点:独立平稳,左手护头,右手护裆。

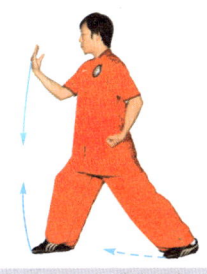
图 2-6-57 弓步扳手

图 2-6-58 提膝架掌

## 49. 进步插掌

右脚向前落步，同时右掌经体侧向前、向上划圆一周至腰间后向前插掌，力达指尖，掌心朝下。左拳收抱于腰间。目视前方（图 2-6-59①②）。

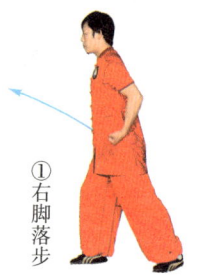
① 右脚落步

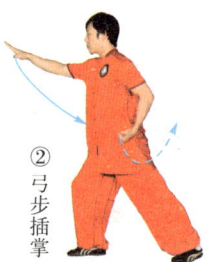
② 弓步插掌

图 2-6-59　进步插掌

## 50. 搂膝盘肘

右手收至腰间，左腿提起，身体向左后转，左脚向左侧落左弓步；左手从膝外侧搂手变拳，上架至额前上方，右拳向内旋转盘肘，拳面贴于右胸前，肘尖朝前。目视前方（图 2-6-60①②）。

① 转身搂手

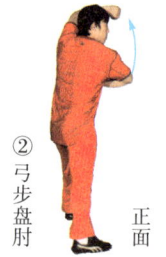
② 弓步盘肘　正面

背面

图 2-6-60　搂膝盘肘

## 51. 收势

同一段单练套路（图 2-6-61①~③）。

① 弓步勾抄

② 马步架拳

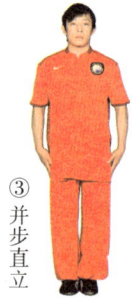
③ 并步直立

图 2-6-61　收势

## 三、对打套路

### (一) 动作名称

预备式

| | 甲 | 乙 |
|---|---|---|
| | 第一小节 | |
| 1 | 起势 | 起势 |
| 2 | 蹲步抄拳（老僧上香） | 虚步按掌（勒马按颈） |
| 3 | 仆步切掌（小童捉鸡） | 仆步切掌（扑地锦） |
| 4 | 提膝架打（打虎势） | 提膝架打（打虎势） |
| 5 | 里合下栽拳（挂面脚） | 丁步勾挂（缩身勾挂） |
| 6 | 腾空箭弹（鹞子钻天） | 退步双按掌（和尚放帘） |
| 7 | 弓步劈拳（力劈华山） | 弓步上架（罗汉望仙） |
| 8 | 弓步别臂（转身拧臂） | 叼拧按掌（天王托塔） |
| 9 | 右后撩踢（败势踢打） | 左跪步下按掌（俯身拾柴） |
| 10 | 左后撩踢（败势踢打） | 右跪步下按掌（俯身拾柴） |
| 11 | 腾空外摆莲（摆莲腿） | 上步仰身弹踢（仰身钻心腿） |
| 12 | 冲拳叼手拧按（乌龙翻江） | 叼手马步下栽拳（林中摘果） |
| 13 | 冲拳叼手拧按（乌龙翻江） | 叼手马步下栽拳（林中摘果） |
| | 第二小节 | |
| 14 | 砍掌撞头（罗汉撞钟） | 退步托推（和尚托头） |
| 15 | 并步下栽拳（压手束身） | 跪步下按（小提鞋） |
| 16 | 弓步十字手（闪电手） | 后蹬腿（野马弹蹄） |
| 17 | 跳步闪身（追风连击） | 前滚翻（前滚翻） |
| 18 | 弓步右按掌（仙童让位） | 弓步反盖拳（霸王压顶） |
| 19 | 弓步上架（童子观佛） | 弓步劈拳（李逵劈柴） |
| 20 | 后扫腿（扫堂腿） | 跳步虚步推掌（追风相连） |
| 21 | 转身上跳步（虎跳涧） | 上步旋风脚（旋风腿） |
| 22 | 弓步扳手（扑面手） | 弓步扳手（封面掌） |
| 23 | 绞手弹踢（十字弹踢） | 提膝架掌（老虎大张嘴） |
| 24 | 进步插掌（白蛇吐信） | 进步插掌（白蛇吐信） |
| 25 | 搂膝盘肘（伏虎势） | 搂膝盘肘（伏虎势） |
| 26 | 收势 | 收势 |

## （二）动作详解

预备式：同一段对打套路（图2-6-62①②）。

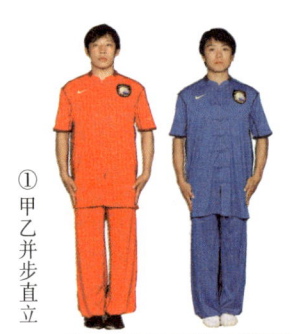
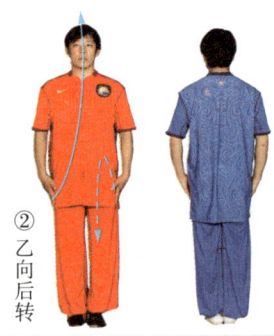

①甲乙并步直立　②乙向后转

图2-6-62　预备式

1. 甲乙起势

同一段对打套路（图2-6-63）。

2. 甲蹲步抄拳、乙虚步按掌

甲身体左转90°，左脚上步，右脚并于左脚处震脚成蹲步，左手变掌从腰间逆时针方向做平圆外搂后按至于右手前臂处，右手勾拳。目视乙方。乙身体左转约90°，左脚后退成右虚步；右拳变掌向下按压甲右臂，目视甲方（图2-6-64）。

动作要点：乙退步迅速，按掌要及时。

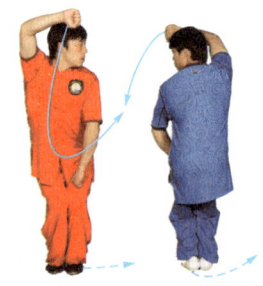

图2-6-63　甲乙束身架拳　　　图2-6-64　甲蹲步抄拳、乙虚步按掌

3. 甲乙仆步切掌

甲乙双脚跳起，身体右转约90°，落地时左腿顺势弯曲，右腿向前铲；同时右掌切向对方。甲左手抱拳于腰间，乙左手向后打开。甲乙目视甲方（图

2-6-65①②）。

图 2-6-65　甲乙仆步切掌

动作要点：甲乙距离保持适中，两腿相接，两掌相接。

4. 甲乙提膝架打

甲乙右脚向前跟步震脚，右拳在体前划圆抢臂，左拳收至体侧，左腿提膝；同时右拳架至额前上方，左拳内旋下栽至膝上方。甲乙目视对方。（图2-6-66①②）。

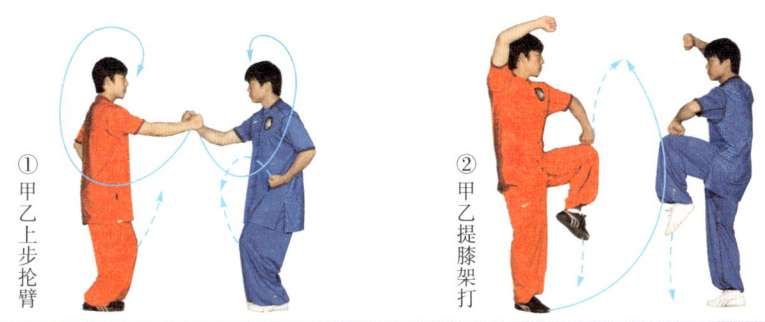

图 2-6-66　甲乙提膝架打

动作要点：跟步、抢臂紧凑连贯。

5. 甲里合下栽拳、乙丁步勾挂

甲左脚向前落步，身体左转，右腿向乙头部里合击打。乙左脚迅速向右前方盖步，身体右转约90°，右脚向左脚靠拢成丁步，屈膝下蹲；左手屈臂经胸前向体左侧挂勾，右掌立于左肩内侧，目视甲方（图2-6-67①②）。

动作要点：乙盖步迅速，躲闪及时。

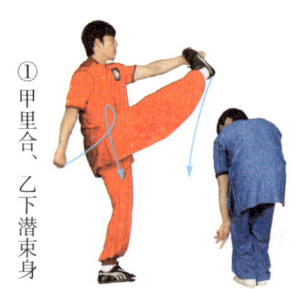
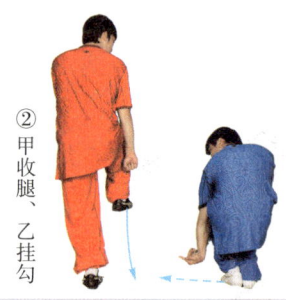

图 2-6-67　甲里合下载拳、乙丁步勾挂

6. 甲腾空箭弹、乙退步双按掌

甲身体右转 90°，右脚向前落步，右脚蹬地跳起，身体腾空，弹踢乙方。乙右脚后退，身体左转约 90°；双手内旋绕体侧上举，双掌按压甲脚面（图 2-6-68①②）。

动作要点：甲空中两腿快速绞剪，乙退步迅速，下按掌及时。

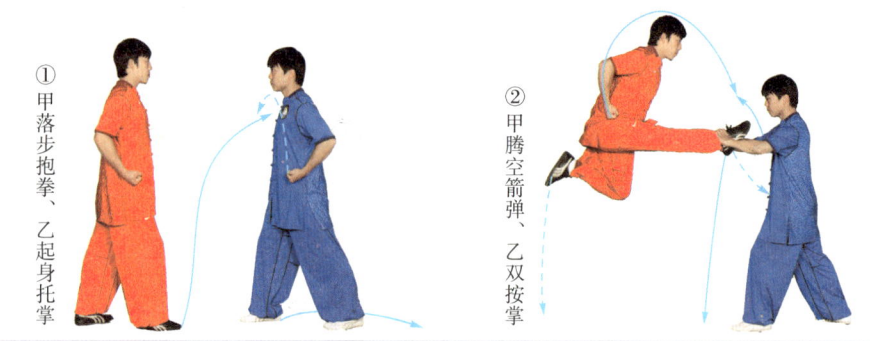

图 2-6-68　甲腾空箭弹、乙退步双按掌

7. 甲弓步劈拳、乙弓步上架

甲双脚落地成右弓步，同时抡右臂，右拳向乙头部劈打。乙迅速以右掌格架，左掌变拳抱于腰间。甲乙目视对方（图 2-6-69）。

动作要点：甲劈拳有力，乙架格及时。

8. 乙叼拧按掌、甲弓步别臂

乙右手叼拧甲腕部，身体前倾，左手顺势按压甲手臂。甲顺势身体左转成左弓步，右臂内旋，右拳变勾手，左手变掌提至右肩内侧，指尖朝上，目视乙方（图 2-6-70）。

动作要点：甲身体变换要顺乙旋拧之势。

图 2-6-69　甲弓步劈拳、乙弓步上架

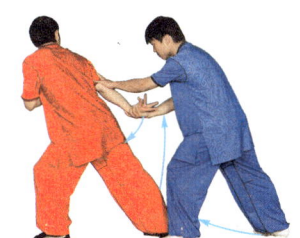

图 2-6-70　乙叼拧按掌、甲弓步别臂

9. 甲右后撩踢、乙左跪步下按掌

甲重心前移，右脚扒地向右后撩踢乙裆部，目视乙方。乙右腿上步，左脚迅速前跟，屈膝下蹲成跪步；同时右掌向甲小腿部下按，目视按掌方向（图2-6-71）。

动作要点：甲顺转体之势后撩腿，乙右闪及时。

10. 甲左后撩踢、乙右跪步下按掌

甲右腿向前落步，左脚向乙裆部撩踢。乙左脚上步成跪步，左掌向甲方小腿部下按，右拳抱于腰间，目视按掌方向（图2-6-72）。

图 2-6-71　甲右后撩踢、乙左跪步下按掌

图 2-6-72　甲左后撩踢、乙右跪步下按掌

11. 甲腾空外摆莲、乙上步仰身弹踢

甲左右脚依次上步，身体右转，右脚蹬地，转身腾空，右脚向乙头部摆击。乙右脚上步，左脚向甲弹踢；同时两手变掌向外侧伸展，身体后仰，成仰身弹踢（图 2-6-73①~③）。

动作要点：甲外摆莲与乙仰身弹踢要协调配合。

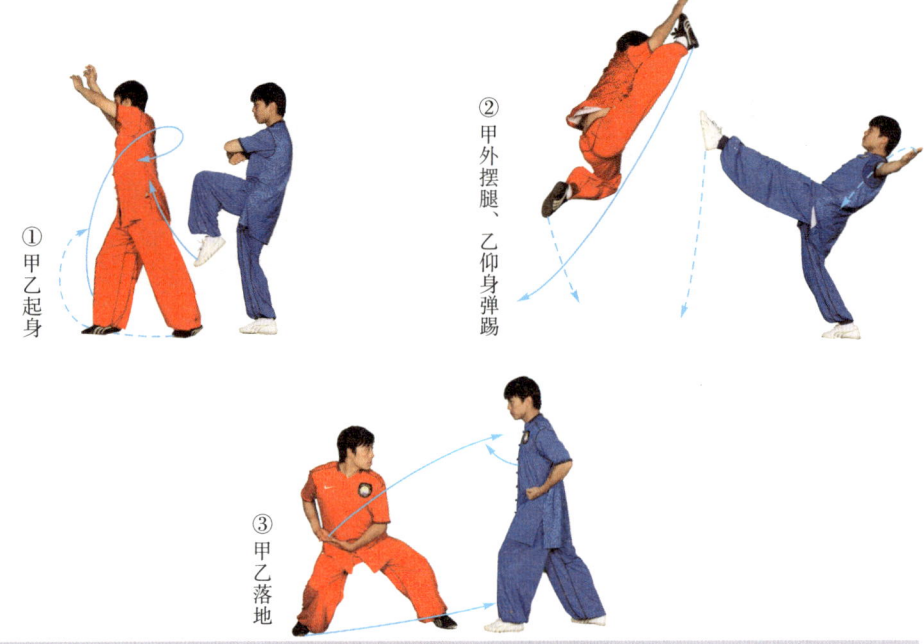

图 2-6-73　甲腾空外摆莲、乙上步仰身弹踢

12. 甲冲拳叼手拧按、乙叼手马步下栽拳

（1）甲右脚上步，身体左转，右拳向乙胸部冲出。乙右手叼甲手腕向斜下方回带，身体右转，左拳向甲面部冲出。甲乙目视对方（图 2-6-74 ①②）。

（2）甲屈膝下蹲成马步，左拳变掌握住乙拳随即向斜下方回带屈膝下蹲成马步，同时右拳向乙方颈部冲拳，目视乙方（图 2-6-74 ③）。

动作要点：甲乙双方叼手、冲拳要及时连贯，手臂两两相交，一手叼握对方手腕，一手被对方抓握，形成对拉之势。

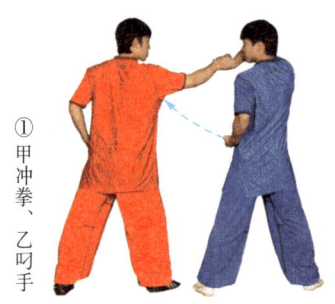 

图 2-6-74　甲冲拳叼手拧按、乙叼手马步下栽拳

13．甲冲拳叼手拧按、乙叼手马步下栽拳

（1）甲右脚上步，身体左转，右拳向乙胸部冲出。乙左脚退步，右手向前叼住甲手腕向斜下方回带，左拳向甲面部冲出。甲乙目视对方（图 2-6-75 ①②）。

（2）甲屈膝下蹲成马步，左拳变掌握住乙右拳，随即向斜下方回带。甲乙目视对方（图 2-6-75 ③）。

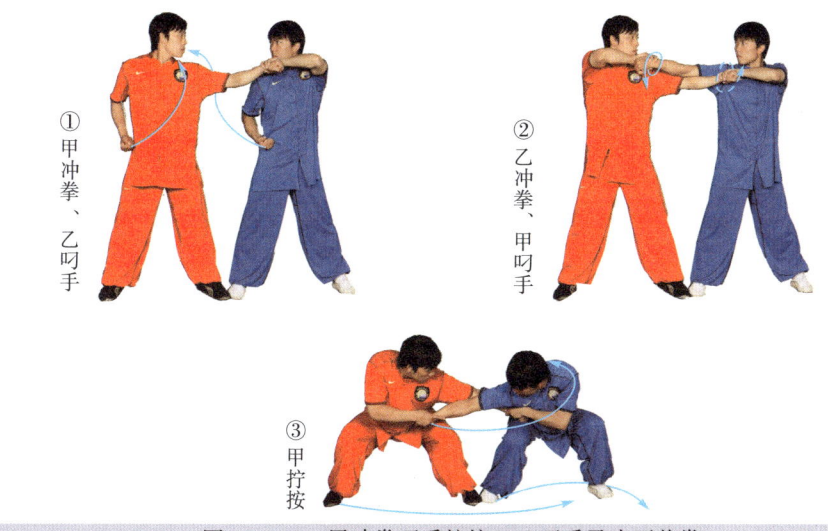

图 2-6-75　甲冲拳叼手拧按、乙叼手马步下栽拳

14．甲砍掌撞头、乙退步托推

（1）甲右脚上步，同时右拳变掌向乙头部横砍。乙身体右转，右脚后撤步成左弓步，低头闪躲（图 2-6-76 ①）。

（2）甲顺砍掌之势，右拳变掌抓住左腕，重心微左移成半马步；随即重心前移成右弓步，拧腰摆头，向乙胸部撞击。乙上体直立，重心略后移，两掌托推甲头部，目视甲方（图 2-6-76 ②③）。

动作要点：甲砍掌与撞头要连贯，乙躲闪及时，托推有力。

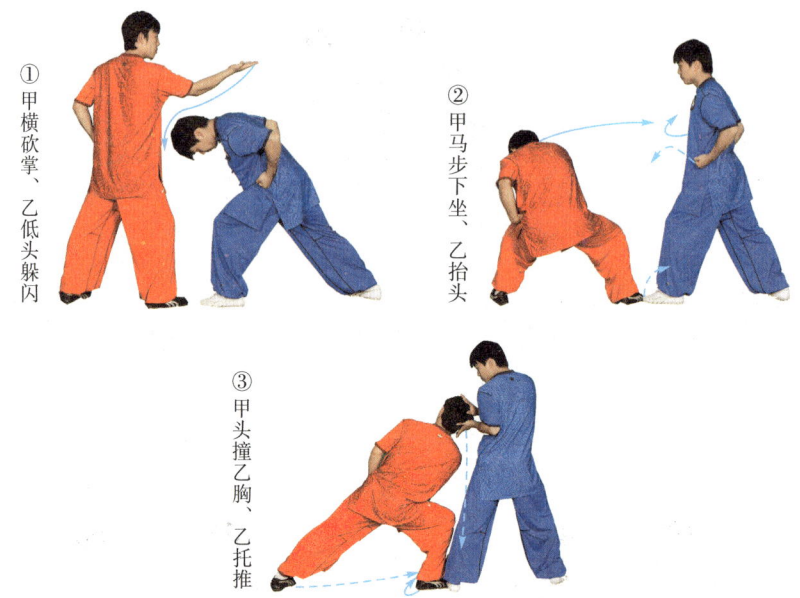

图 2-6-76 甲砍掌撞头、乙退步托推

15. 甲并步下栽拳、乙跪步下按

甲左脚上步，随即右脚向左脚并拢，屈膝下蹲；右拳经左手外侧向上屈臂抱于胸前，左手变拳内旋向乙腿部下栽拳击打，目视乙方。乙身体向右拧转，屈膝成跪步躲闪，左掌向下按压于左脚跟处，右掌回收至左肩内侧，目视甲方（图 2-6-77）。

动作要点：甲下栽与乙闪身下按要协调一致。

16. 乙后蹬腿、甲弓步十字手

乙身体起立，左脚向甲头部蹬出。甲左脚上步成弓步，两拳变掌交错于胸前，格挡乙蹬，并向前上方用力推送（图 2-6-78）。

动作要点：甲十字手迎击要迅速，正托乙脚踝部。

图 2-6-77 甲并步下栽拳、乙跪步下按

图 2-6-78 乙后蹬腿、甲弓步十字手

17. 甲跳步闪身、乙前滚翻

甲左脚蹬地，右脚经左腿向前跃步，左脚向前跨步追击乙。乙身体自然下倾，肩背依次着地向前滚翻（图 2-6-79①②）。

动作要点：乙滚翻要肩背依次着地，身体团紧。

图 2-6-79　甲跳步闪身、乙前滚翻

18. 乙弓步反盖拳、甲弓步右按掌

乙起身站立，向左转体成左弓步，右拳向甲头部盖击，目视甲方。甲重心前移，右拳向左按压乙盖拳，左拳收抱腰间，目视乙方（图 2-6-80①②）。

动作要点：乙转身反盖拳要连贯，甲后闪及时，防守迅速。

图 2-6-80　乙弓步反盖拳、甲弓步右按掌

19. 乙弓步劈拳、甲弓步上架

乙右臂抢摆，向甲头部劈拳，左拳抱于腰间，目视甲方。甲左拳上架格挡，右拳收于腰间，目视乙方（图 2-6-81）。

动作要点：乙劈拳有力，甲架挡及时。

图 2-6-81　乙弓步劈拳、甲弓步上架

20. 甲后扫腿、乙跳虚步推掌

甲屈膝下蹲，以左脚掌为轴，迅速右转身向乙扫腿。乙双脚跳起躲闪，落步后成左高虚步；同时左掌向甲推击，右拳抱于腰间，目视甲方（图2-6-82①~③）。

动作要点：甲扫腿要快，借助拧腰发力；乙跳起躲闪及时。

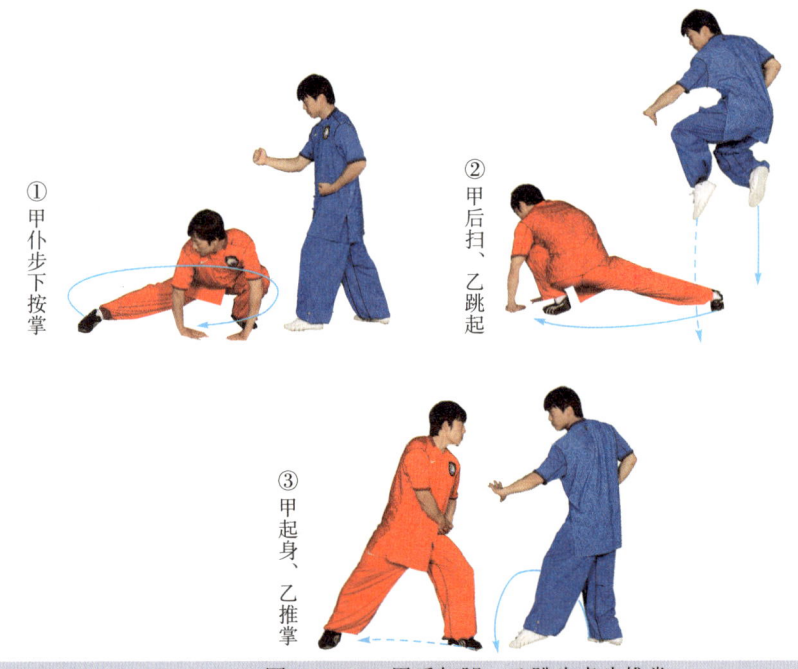

图 2-6-82　甲后扫腿、乙跳步虚步推掌

21. 乙上步旋风脚、甲转身上跳步

乙左右脚依次上步，右脚蹬地起跳，身体向左旋转360°，腾空，右脚里合

踢打甲。甲起身后先上左步，后上右步转身躲闪，右脚蹬地跳起，身体右转。乙双脚落地后成马步，两手抱于腰间。甲落地后两臂交叉合抱于胸前，目视乙方（图 2-6-83①～④）。

动作要点：双方动作要衔接连贯，击打和跳闪时机合适。

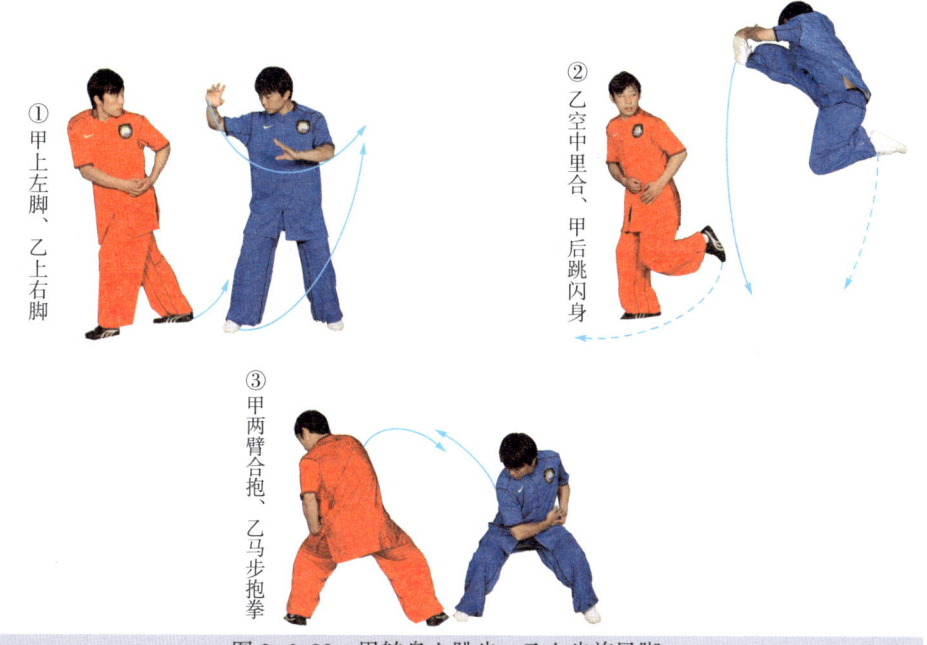

图 2-6-83　甲转身上跳步、乙上步旋风脚

22. 甲乙弓步扳手

甲乙身体右转成右弓步，右掌向对方扳击，左拳抱于腰间。甲乙目视对方（图 2-6-84）。

动作要点：甲乙都以扳手迎击对方，手腕处相接。

图 2-6-84　甲乙弓步扳手

### 23. 甲绞手弹踢、乙提膝架掌

（1）甲右掌顺时针方向缠绞乙右手腕（图2-6-85①）。

（2）甲左掌顺势外拨乙右臂，右掌向乙裆部撩击；左腿向乙裆部弹击，目视乙方。乙右提膝躲闪甲弹踢，左掌上架，右掌置于右踝关节处，防守甲腿，掌心向外，目视甲方（图2-6-85②）。

动作要点：甲绞手后顺势弹击。

图2-6-85 甲绞手弹踢、乙提膝架掌

### 24. 甲乙进步插掌

甲左脚向前落步，同时左掌经体侧向前、向上划圆一周至腰间，再向前插掌，力达指尖，右掌收抱于腰间，目视前方。乙右脚向前落步，同时右掌经体侧向前、向上划圆一周至腰间后向前插掌，力达指尖，右掌收抱于腰间，目视前方（图2-6-86）。

动作要点：甲乙插掌有力，与下肢步法协调一致。

图2-6-86 甲乙进步插掌

### 25. 甲乙搂膝盘肘

甲右腿提起，向右后转体，右脚落步成右弓步；右手从膝外侧搂手变拳上架至额前上方，左拳内旋后向乙盘肘顶击，肘尖向前，目视乙方。乙左腿提起，身体向左后转体，左脚前落成左弓步；左手从膝外侧搂手变拳上架至额前上方，右拳内旋后向甲盘肘顶击，肘尖向前，目视甲方（图2-6-87①②）。

动作要点：搂手与盘肘要连贯协调，顶肘有力，力达肘尖。

① 甲右手搂膝、乙左手搂膝

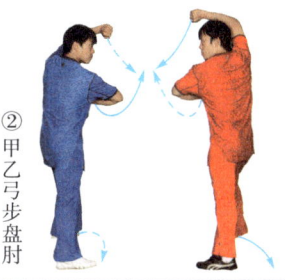
② 甲乙弓步盘肘

图2-6-87 甲乙搂膝盘肘

26. 甲乙收势

同一段对打套路（图2-6-88①~④）。

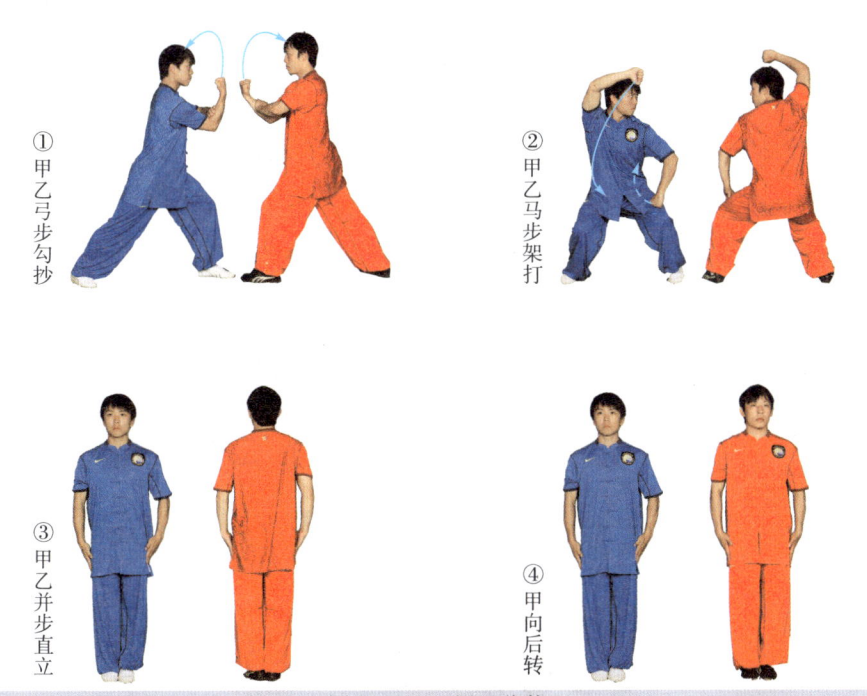
① 甲乙弓步勾抄
② 甲乙马步架打
③ 甲乙并步直立
④ 甲向后转

图2-6-88 甲乙收势

## 四、拆招

1. 后扫腿拆招

（1）甲乙相向直立，相距1米左右（图2-6-89①）。

（2）乙右侧踹腿踹击甲胸部（图2-6-89②）。

（3）甲迅速向右侧躲闪，俯身下潜（图2-6-89③）。

（4）甲顺向右闪身之势，以左前脚掌为轴，迅速向右后扫腿进攻乙支撑腿，将乙扫倒（图2-6-89④⑤）。

动作要点：甲下潜与后扫要连贯，以腰带腿发力。

图2-6-89　后扫腿拆招

2. 里合腿拆招

（1）甲乙相向直立，相距1米左右（图2-6-90①）。

（2）乙右抡劈拳击打甲头部（图2-6-90①②）。

（3）甲身体微右闪，左脚上步；左臂上架乙右臂（图2-6-90③）。

（4）甲左手拿乙右腕，身体左转，以右里合腿击打乙面部。乙后倒，甲乙并步下蹲（图2-6-90④~⑥）。

动作要点：甲顺向外格挡之势起腿。

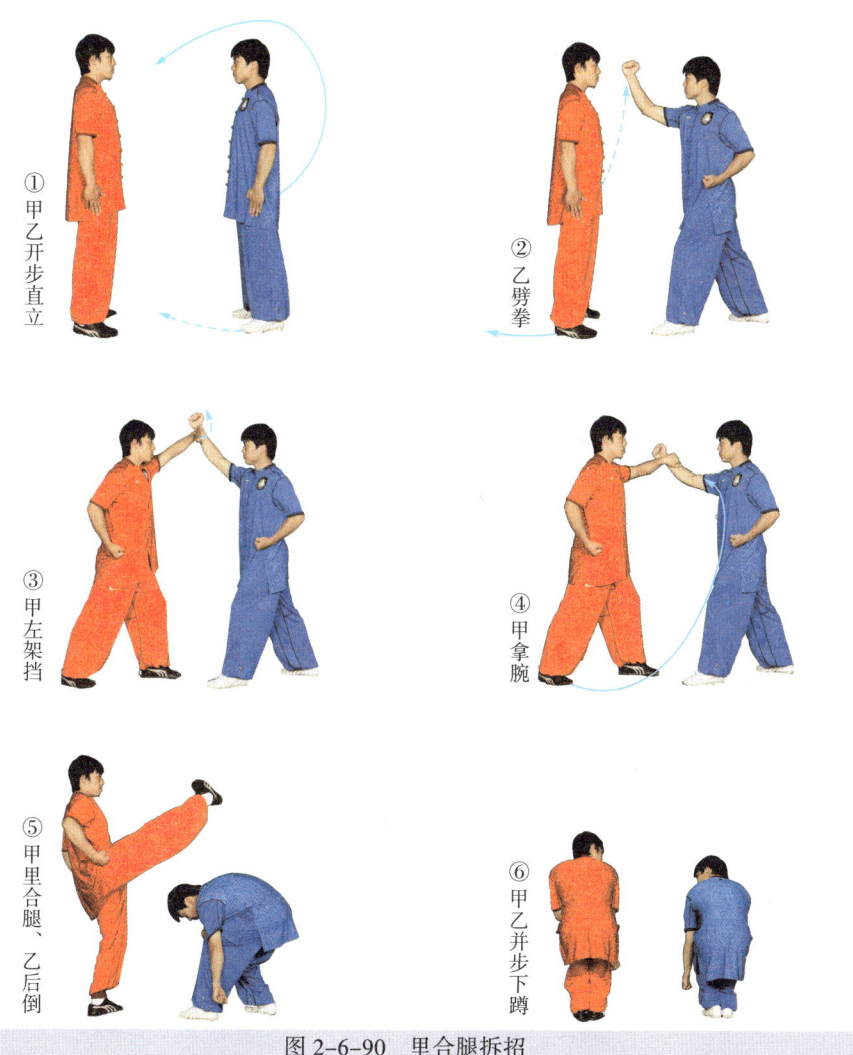

图2-6-90　里合腿拆招

### 3. 后撩踢拆招

（1）甲乙相向直立，相距1米左右（图2-6-91①）。

（2）甲以右直冲拳进攻乙胸部（图2-6-91①②）。

（3）乙身体右侧闪，右脚后撤步；右手叼拿甲右腕，左手按压甲肘关节，迫使甲左转身（图2-6-91③④）。

（4）甲右腿向乙裆部撩击，乙受创后向前俯身（图2-6-91⑤）。

动作要点：甲刚被乙旋拿压臂之时要起后撩腿。

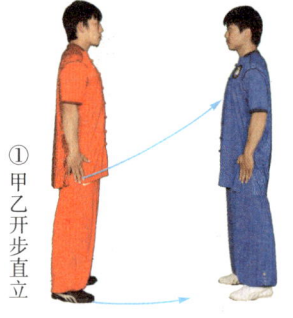
①甲乙开步直立

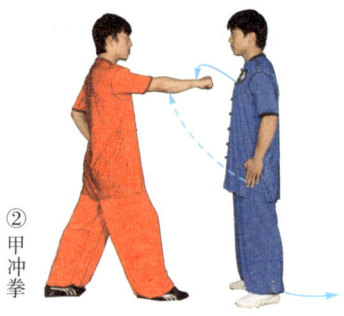
②甲冲拳

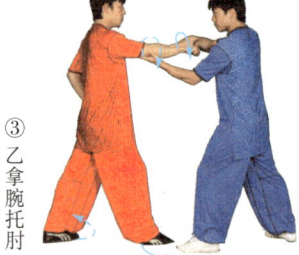
③乙拿腕托肘

④乙压肘、甲扭身屈膝

⑤甲后撩腿、乙俯身

图2-6-91 后撩踢拆招

4. 绞手弹踢拆招

（1）甲乙相向直立，相距 1 米左右（图 2-6-92①）。

（2）乙左脚上步，右手以虎爪向甲下颌挑击（图 2-6-92①②）。

（3）甲两掌相合扣压乙右腕，掌心相对，右手上、左手下，目视乙方（图 2-6-92③④）。

（4）甲两手旋臂半周后，左手回带乙右臂。左脚向乙裆部弹击，右掌向乙头部撩掌（图 2-6-92⑤）。

动作要点：甲绞手和弹踢撩掌要协调连贯，才能收到应有的效果。

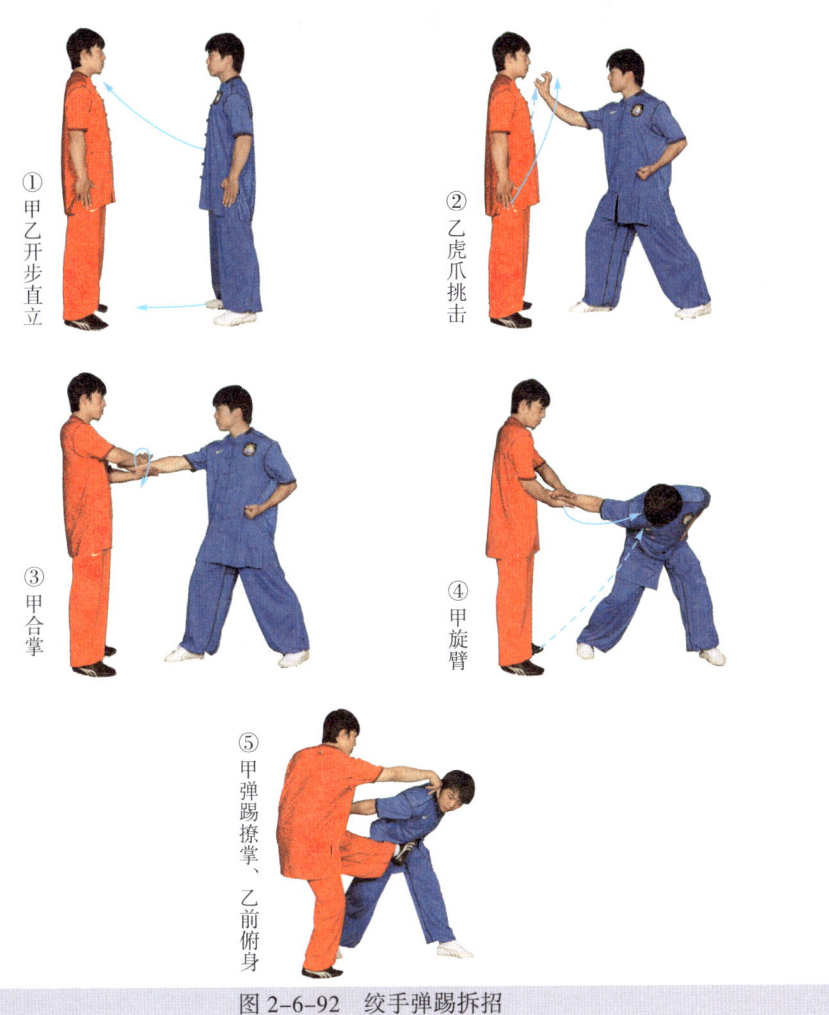

图 2-6-92 绞手弹踢拆招

## 5. 罗汉撞钟拆招

（1）甲乙相向直立，相距 1 米左右（图 2-6-91①）。

（2）乙以右臂向甲头部劈掌（图 2-6-93①②）。

（3）甲迅速右脚上步，低头下潜向乙右腋下近身（图 2-6-93③④）。

（4）甲重心前移，左腿蹬地成右弓步，头肩部迅速向乙胸肋部撞击（图 2-6-93⑤）。

动作要点：甲下潜近身要快，撞头要体会靠法。

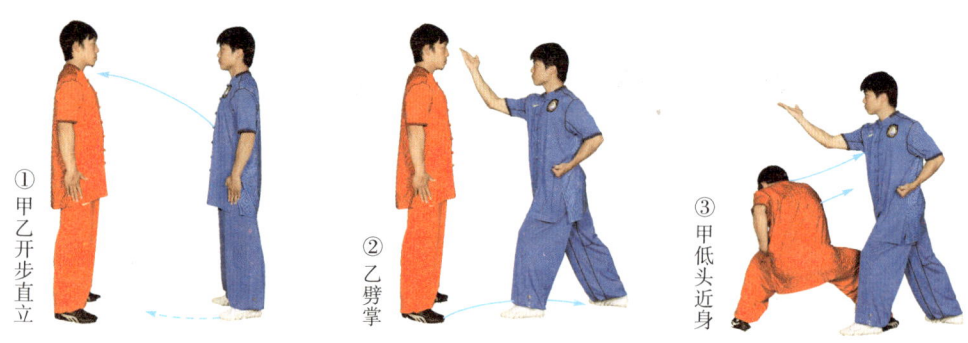

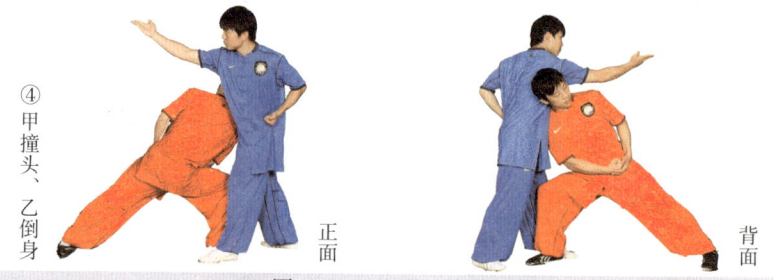

图 2-6-93 罗汉撞钟拆招

# 附录

# 《中国武术段位制系列教程》支持单位和试点推广单位

## 一、支持单位

**(一) 武术协会**（排名不分先后）

| | |
|---|---|
| 北京市武术协会 | 河南省武术协会 |
| 天津市武术协会 | 湖北省武术协会 |
| 河北省武术协会 | 湖南省武术协会 |
| 山西省武术协会 | 广东省武术协会 |
| 内蒙古自治区武术协会 | 广西壮族自治区武术协会 |
| 辽宁省武术协会 | 海南省武术协会 |
| 吉林省武术协会 | 重庆市武术协会 |
| 黑龙江省武术协会 | 四川省武术协会 |
| 上海市武术协会 | 贵州省武术协会 |
| 江苏省武术协会 | 云南省武术协会 |
| 浙江省武术协会 | 陕西省武术协会 |
| 安徽省武术协会 | 甘肃省武术协会 |
| 福建省武术协会 | 青海省武术协会 |
| 江西省武术协会 | 宁夏回族自治区武术协会 |
| 山东省武术协会 | 新疆维吾尔自治区武术协会 |

**(二) 高等学校**（排名不分先后）

### 华北地区

| | |
|---|---|
| 北京体育大学 | 北京师范大学 |
| 首都体育学院 | 河北师范大学 |

天津体育学院　　　　　　　　　　山西师范大学
河北体育学院　　　　　　　　　　山西大学

## 华东地区

上海体育学院　　　　　　　　　　浙江大学
山东体育学院　　　　　　　　　　苏州大学
南京体育学院　　　　　　　　　　山东师范大学
徐州师范大学　　　　　　　　　　菏泽学院
杭州师范大学　　　　　　　　　　扬州大学
集美大学　　　　　　　　　　　　厦门大学

## 华中地区

武汉体育学院　　　　　　　　　　湖北大学
河南大学　　　　　　　　　　　　郑州大学
黄河科技大学　　　　　　　　　　安阳师范学院
洛阳师范学院　　　　　　　　　　阜阳师范学院

## 东北地区

沈阳体育学院　　　　　　　　　　哈尔滨师范大学
吉林体育学院　　　　　　　　　　东北师范大学
哈尔滨体育学院

## 西南地区

成都体育学院　　　　　　　　　　重庆大学
四川师范大学　　　　　　　　　　云南警官大学
重庆师范大学　　　　　　　　　　云南师范大学

## 西北地区

西安体育学院　　　　　　　　　　新疆师范大学
青海民族学院

## 华南地区

广州体育学院　　　　　　　　　　海南师范大学

## 二、试点推广单位（排名不分先后）

### 华北地区

**小　学**

北京大学附属小学　　　　　　　　　北京市中关村第三小学

太原小店区坞城北张小学　　　　　　北京市建华实验学校

**中　学**

中国人民大学附属中学　　　　　　　北京市八一中学

太原成成中学　　　　　　　　　　　石家庄市第十七中学

石家庄市第五十四中学　　　　　　　河北省唐山市稻地镇中学

**大　学**

河北师范大学　　　　　　　　　　　河北体育学院

北京体育大学　　　　　　　　　　　山西大学

忻州师范学院　　　　　　　　　　　首都体育学院

### 东北地区

**小　学**

哈尔滨宣庆小学　　　　　　　　　　锦州市平和小学

长春市南关区东二小学

**中　学**

哈尔滨市第七十中学　　　　　　　　哈尔滨市第十九中学

盘锦市高级中学　　　　　　　　　　长春市第九中学

沈阳市东湖学校　　　　　　　　　　吉林市莲花学校

**大　学**

黑龙江大学　　　　　　　　　　　　哈尔滨体育学院

沈阳体育学院　　　　　　　　　　　中国医科大学

吉林工商学院　　　　　　　　　　　吉林体育学院

### 西北地区

**小　学**

兰州市城关区金塔路小学　　　　　　陕西省西安市东羊市小学

西安市大学南路小学　　　　　　西安市安宁区万里小学

**中 学**

兰州交通大学东方中学　　　　　西安市第八十六中学
西安市第七十五中学

**大 学**

兰州大学　　　　　　　　　　　西北师范大学
西安体育学院　　　　　　　　　陕西师范大学
西安财经学院

### 西南地区

**小 学**

云南师范大学附属小学　　　　　成都三原外国语学校附属小学
成都市花圃路小学

**中 学**

去南师范大学实验中学　　　　　成都市高新区实验中学
四川省泸州市泸县九中

**大 学**

云南警官学院　　　　　　　　　云南师范大学
云南民族大学　　　　　　　　　西南民族大学
四川师范大学　　　　　　　　　成都体育学院
成都大学

### 华东地区

**小 学**

济南市市中区罗而小学　　　　　厦门市集美乐安小学
浙江省义乌市大陈小学　　　　　上海市观澜小学

**中 学**

山东师范大学附属中学　　　　　浙江省义乌市后宅中学
杭州服装职业高级中学　　　　　上海市长江第二中学
同济大学附属七一中学　　　　　济南外国语学校
厦门华侨中学　　　　　　　　　泉州剑影武术学校

**大 学**

山东师范大学　　　　　　　　　　　山东体育学院

浙江教育学院　　　　　　　　　　　苏州大学

南京体育学院　　　　　　　　　　　复旦大学

上海体育学院　　　　　　　　　　　集美大学

### 华中地区

**小 学**

河南省郑州市育红小学　　　　　　　开封市文昌小学

武汉市广埠屯小学　　　　　　　　　肥西县实验小学

**中 学**

洛阳东升第三中学　　　　　　　　　中牟县第一高级中学

河南省实验中学　　　　　　　　　　湖北省十堰市第二中学

湖北省随州市第一中学

**大 学**

河南大学　　　　　　　　　　　　　郑州大学

武汉理工大学　　　　　　　　　　　武汉体育学院

### 华南地区

**小 学**

广州市天河区华成小学　　　　　　　广东省佛山市顺德龙江实验小学

连江县教师进修学校第二附属小学

**中 学**

广州市天荣中学　　　　　　　　　　广东实验中学顺德学校

广东省南海九江职业学校　　　　　　广州市东圃中学

**大 学**

深圳职业技术学院　　　　　　　　　广东外语外贸大学

广东白云学院　　　　　　　　　　　广州大学

广州体育学院

## 郑重声明

高等教育出版社依法对本书享有专有出版权。任何未经许可的复制、销售行为均违反《中华人民共和国著作权法》，其行为人将承担相应的民事责任和行政责任；构成犯罪的，将被依法追究刑事责任。为了维护市场秩序，保护读者的合法权益，避免读者误用盗版书造成不良后果，我社将配合行政执法部门和司法机关对违法犯罪的单位和个人进行严厉打击。社会各界人士如发现上述侵权行为，希望及时举报，本社将奖励举报有功人员。

反盗版举报电话　　（010）58581897　58582371　58581879
反盗版举报传真　　（010）82086060
反盗版举报邮箱　　dd@hep.com.cn
通信地址　　北京市西城区德外大街4号　高等教育出版社法务部
邮政编码　　100120

图书在版编目（CIP）数据

少林拳/国家体育总局武术研究院组编. -- 北京：高等教育出版社，2011.7（2019.9重印）
中国武术段位制系列教程
ISBN 978-7-04-025824-0

Ⅰ.①少… Ⅱ.①国… Ⅲ.①少林拳—套路（武术）—教材 Ⅳ.①G852.151.9

中国版本图书馆CIP数据核字（2011）第110896号

中国武术段位制系列教程

# 少林拳

国家体育总局武术研究院　组编

| | |
|---|---|
| 出版发行 | 高等教育出版社 |
| 社　　址 | 北京市西城区德外大街4号 |
| 邮政编码 | 100120 |
| 购书热线 | 010-58581118 |
| 咨询电话 | 400-810-0598 |
| 网　　址 | http://www.hep.edu.cn |
| | http://www.hep.com.cn |
| | http://www.wushuschool.net |
| 网上订购 | http://www.landraco.com |
| | http://www.landraco.com.cn |
| 印　　刷 | 北京鑫丰华彩印有限公司 |
| 开　　本 | 787 mm×960 mm　1/16 |
| 印　　张 | 11.25 |
| 字　　数 | 190千字 |
| 版　　次 | 2011年7月第1版 |
| 印　　次 | 2019年9月第4次印刷 |
| 定　　价 | 54.80元（含光盘2张） |

策划编辑　曹京华
责任编辑　曹京华　易星辛
责任校对　陈　莲
责任印制　尤　静
封面设计　任意点印象

本书如有缺页、倒页、脱页等质量问题，请到所购图书销售部门联系调换。
版权所有　侵权必究
物料号　25824-00

中国武术段位制系列教程
Textbook Series of Chinese Wushu Duanwei System